全国交通技工院校汽车运输类专业规划教材

U0649036

汽车文化

（汽车维修、汽车钣金与涂装、
汽车装饰与美容、汽车商务专业用）

主编　杨雪茹
主审　李桂花

人民交通出版社
China Communications Press

内 容 提 要

本书是全国交通技工院校汽车运输类专业规划教材之一,主要介绍了汽车发展历史、汽车企业家、汽车品牌、汽车色彩、汽车运动、汽车污染和未来汽车等知识和内容。

本书是交通技工院校、中等职业学校汽车运输类专业的一门专业基础课教材,也可作为汽车维修专业技术等级考核及培训用书和相关技术人员的参考用书。

图书在版编目(CIP)数据

汽车文化 / 杨雪茹编. — 北京:人民交通出版社,2013.8

全国交通技工院校汽车运输类专业规划教材

ISBN 978-7-114-10637-8

Ⅰ. ①汽… Ⅱ. ①杨… Ⅲ. ①汽车—文化—技工学校—教材 Ⅳ. ①U46-05

中国版本图书馆 CIP 数据核字(2013)第 106882 号

书　　名:	汽车文化
著 作 者:	杨雪茹
责任编辑:	李　斌
出版发行:	人民交通出版社
地　　址:	(100011)北京市朝阳区安定门外外馆斜街 3 号
网　　址:	http://www.ccpress.com.cn
销售电话:	(010)59757973
总 经 销:	人民交通出版社发行部
经　　销:	各地新华书店
印　　刷:	中国电影出版社印刷厂
开　　本:	787 × 1092　1/16
印　　张:	8.5
字　　数:	200 千
版　　次:	2013 年 8 月　第 1 版
印　　次:	2017 年 6 月　第 3 次印刷
书　　号:	ISBN 978-7-114-10637-8
定　　价:	35.00 元

(有印刷、装订质量问题的图书由本社负责调换)

Foreword
前言

教育部《关于全面推进素质教育、深化中等职业教育教学改革的意见》中提出"中等职业教育要全面贯彻党的教育方针,转变教育思想,树立以全面素质为基础、以能力为本位的新观念,培养与社会主义现代化建设要求相适应,德智体美等全面发展,具有综合职业能力,在生产、服务、技术和管理第一线工作的高素质劳动者和中初级专门人才"。根据这一精神,交通职业教育教学指导委员会在专业调研和人才需求分析的基础上,通过与从事汽车运输行业一线行业专家共同分析论证,对汽车运输类专业所涵盖的岗位(群)进行了职业能力和工作任务分析,通过典型工作任务分析→行动领域归纳→学习领域转换等步骤和方法,形成了汽车运输类专业课程体系,于2011年3月编写并出版了《交通运输类主干专业教学标准与课程标准》(适用于技工教育)。为更好地执行这两个标准,为全国交通运输类技工院校提供适应新的教学要求的教材,交通职业教育教学指导委员会汽车(技工)专业指导委员会于2011年5月启动了汽车运输类主干专业系列规划教材的编写。

本系列教材为交通职业教育教学指导委员会汽车(技工)专业指导委员会规划教材,涵盖了汽车运输类的汽车维修、汽车钣金与涂装、汽车装饰与美容、汽车商务四个专业26门专业基础课和专业核心课程,供全国交通运输类技工院校汽车专业教学使用。

本系列教材体现了以职业能力为本位,以能力应用为核心,以"必需、够用"为原则;紧密联系生产、教学实际;加强教学针对性,与相应的职业资格标准相互衔接。教材内容适应汽车运输行业对技能型人才的培养要求,具有以下特点:

1. 教材采用项目、课题的形式编写,以汽车维修企业、汽车4S店实际工作项目为依据设计,通过项目描述、项目要求、学习内容、学习任务(情境)描述、学习目标、资料收集、实训操作、评价与反馈、学习拓展等模块,构建知识和技能模块。

2. 教材体现职业教育的特点,注重知识的前沿性和全面性,内容的实用性和实践性,能力形成的渐进性和系统性。

3. 教材反映了汽车工业的新知识、新技术、新工艺和新标准,同时注意新

1

设备、新材料和新方法的介绍，其工艺过程尽可能与当前生产情景一致。

4.教材体现了汽车专业中级工应知应会的知识技能要求，突出了技能训练和学习能力的培养，符合专业培养目标和职业能力的基本要求，取材合理，难易程度适中，切合中技学生的实际水平。

5.教材文字简洁，通俗易懂，以图代文，图文并茂，形象直观，形式生动，容易培养学员的学习兴趣，有利于提高学习效果。

《汽车文化》教材根据交通职业教育教学指导委员会交通运输类主干专业教学标准与"汽车文化"课程标准进行编写。它是交通技工院校、中等职业学校汽车运输类专业的一门专业基础课教材。其功能在于培养汽车运输类学生的基本职业能力，达到本专业学生应具备的专业基础知识要求。本书也可作为汽车维修专业技术等级考核及培训用书和相关技术人员的参考用书。全书由8个项目组成，分别介绍了汽车相关知识、汽车故事、汽车外形与色彩、汽车品牌、汽车运动、汽车污染、汽车未来和交通漫谈等内容。

本书由江苏省交通技师学院杨雪茹担任主编，天津交通高级技工学校李桂花担任主审。项目一、项目二、项目三、项目四由江苏省交通技师学院张文娜编写，项目五、项目六、项目七、项目八由杨雪茹编写。本书在编写过程中，得到了部分汽车修理厂家和汽车4S店的支持，在此表示感谢。

由于编者水平有限，教材内容难以覆盖全国各地的实际情况，希望各地教学单位在积极选用和推广本教材的同时，及时总结经验并提出修改意见和建议，以便再版时进行修订改正。

交通职业教育教学指导委员会
汽车（技工）专业指导委员会
2013 年 2 月

Contents
目录

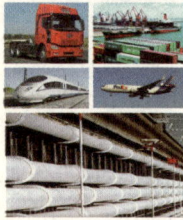

项目一 汽车概述

项目描述

　　人类历史进入现代社会以来,还没有任何一件产品能够像汽车那样,对人们的出行、交往,对社会的经济、科技、资源、环境、城市发展等众多方面,产生如此强烈而深远的影响。汽车不仅仅是一种交通工具、一种产业,更代表着一种文化背景和品位。在中国已经超越美国成为世界第一大汽车市场之际,让我们一起来回望汽车的发展历史,了解汽车的种类、标识,体会汽车带给我们的种种欢乐。

学习目标

　　1.了解汽车诞生之前的发展历史;

　　2.了解世界汽车工业的发展历史;

　　3.简单分析中国汽车工业的现状及发展;

　　4.掌握汽车的定义和分类;

　　5.了解汽车产品型号、代码识别;

　　6.了解汽车试验。

建议课时

　　4课时。

单元一 汽车的发展

　　车在人类的进步史上有着极其重要的地位。人类的生活甚至生存,一天也离不开衣食住行。随着人类社会的发展,汽车逐渐成为日常生活中必不可少的代步工具,但它又不仅仅是代步工具。

一 汽车的起源

1 汽车的远祖

　　汽车的发展,最早要追溯到车轮的发展(图1-1),它实现了由移动到滚动的飞跃。

　　最初的车辆,都是由人力来推动的,称为人力车。后来人们开始用牛、马拉车,称为畜力车。在河南安阳,曾发掘出商代的马车坑(图1-2)。秦始皇统一中国后,大力发展国家车马大道(称驿道),秦始皇陵发掘出的铜马车(图1-3)代表了2000年前我国造车的水平。到17世纪,西方的四轮公共马车承担了几乎所有的长途客运任务(图1-4),为陆上旅行带来了繁荣。

图1-1　车轮

图1-2　商代两马三人战车

图1-3　秦始皇陵发掘出的铜马车

图1-4　古罗马的公共马车

马车时代一直延续了三四千年，成为运输、代步和打仗最重要的工具。马车孕育了汽车的诞生，它具备早期汽车的基本结构：车轮、车厢、悬架和制动系统。

2　早期自动车辆的探索

尽管古代的人们对车辆不断改进和探索，但人力或畜力车的动力、速度和载重量等总是无法满足人类的需求和生产力的发展。能不能发明一种多拉快跑的自动车辆呢？

1420年，英国人发明了滑轮车（图1-5）。人坐在车内，借用人力使绳子不停地转动滑轮，但由于人力有限，车的速度比步行还要慢。1600年，荷兰的西蒙·斯蒂芬发明了双桅风帆车（图1-6），他把车轮装在帆船上。1649年，德国的钟表匠汉斯·郝丘制造了一台以钟表发条为动力的车（图1-7）。但该车只相当于现在的儿童玩具，毫无实用价值。

图1-5　英国人发明的滑轮车

图1-6　西蒙·斯蒂芬发明的双桅风帆车

图1-7　汉斯·郝丘发明的发条车

以上几种自动车的尝试，都存在着先天不足，均以失败告终。但车的出现是人类的福音，假如没有当初的车，也不会有今天汽车的诞生。

3 内燃机的发展

1774 年,英国发明家詹姆斯·瓦特对前人研制的蒸汽机做了重大的改进,研制出世界上第一台有真正意义的动力机械——蒸汽机(图 1-8)。这一成果为实用汽车的发明创造了必要的条件,轰动了整个欧洲,掀起了轰轰烈烈的世界第一次工业革命。

1860 年,法国发明家勒努瓦成功地研制出了一台使用煤气作燃料的单缸二行程内燃机,这是世界上最早的内燃机(图 1-9)。1876 年,德国人尼古拉·奥托制成了第一台往复式四行程内燃机(图 1-10),大大提高了内燃机的热效率。

1883 年 8 月 15 日,戴姆勒和迈巴赫在尼古拉·奥托的四行程发动机的基础上,改进开发出了第一台卧式汽油机(图 1-11)。后来他们还研制成了世界上第一台轻便小巧的化油器式、电点火的小型汽油机,这也是世界上第一台立式发动机(图 1-12),取名为"立钟"。

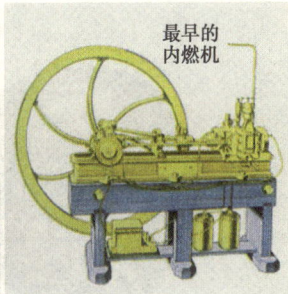

图 1-8 詹姆斯·瓦特和他发明的蒸汽机　　图 1-9 勒努瓦发明的最早的内燃机

图 1-10 尼古拉·奥托制成　　图 1-11 第一台卧式汽油机　　图 1-12 第一台立式
　　　　第一台往复式四　　　　　　　　　　　　　　　　　　　　　　发动机
　　　　行程内燃机

1897 年,德国工程师鲁道夫·狄塞尔研究试验成功第一台压燃式柴油机(图 1-13),它比汽油机油耗低,是动力工程方面又一项伟大的发明。后人称之为狄塞尔发动机,英文名为"Diesel"。

4 汽车的诞生

1)第一辆蒸汽汽车

1769 年,法国陆军技术军官尼古拉斯·古诺研制出了世界上第一辆具有实用价值的

图 1-13　德国工程师鲁道夫·狄塞尔和他发明的压燃式柴油机

蒸汽汽车(图 1-14)。他将一台简陋的蒸汽机装在一辆木制的三轮车上。这辆蒸汽车存在一个致命的缺点,每走 12 ~ 15min 后就需停车加热 15min,而它的最高时速也只有 4km/h。由于前轮上压着很重的锅炉,这辆车的转向杆操纵很困难,试车中不断发生事故。最后在试车时撞到了墙上,值得纪念的世界第一辆汽车,被撞得七零八落,面目全非。

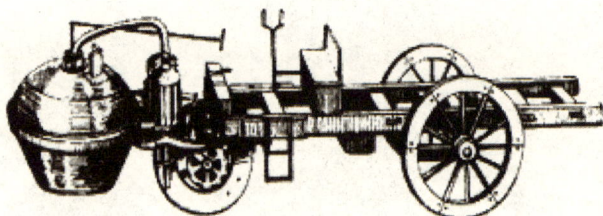

图 1-14　尼古拉斯·古诺和他的蒸汽汽车

在此后的 100 年,欧洲各国的发明家,制造出了多种不同用途的蒸汽汽车,如英国人嘉内制成的蒸汽公共汽车(图 1-15),法国人佩夸尔研制的蒸汽牵引汽车,美国人艾文思发明的水陆两用汽车(图 1-16)等。

图 1-15　早期的蒸汽公共汽车　　　　图 1-16　艾文思发明的水陆两用汽车

蒸汽汽车由于速度慢、体积大、污染严重,随着内燃机汽车的出现,便逐渐退出了历史舞台,但它在汽车发展史上占有重要一页,为现代汽车的发展奠定了基础。

2)第一辆三轮汽车

1885 年 9 月,卡尔·本茨造出了一台单缸汽油发动机,并将它装在了一辆三轮车上,研制成功了第一辆三轮汽油车(图 1-17),并于 1886 年 1 月 29 日申请专利。后来这一天就被公认为"汽车的诞生日",这辆汽车被收藏在德国的奔驰汽车博物馆内。

3)第一辆四轮汽车

图 1-17 卡尔·本茨和他制造的三轮汽车

1883 年,哥特利布·戴姆勒和他的同事威廉·迈巴赫研制成了汽油内燃机。1885 年末,戴姆勒将一辆四轮马车进行改装,制造了第一辆汽油发动机四轮汽车(图 1-18),并于 1886 年试驾成功。所以后来世界公认本茨和戴姆勒为"现代汽车之父"。

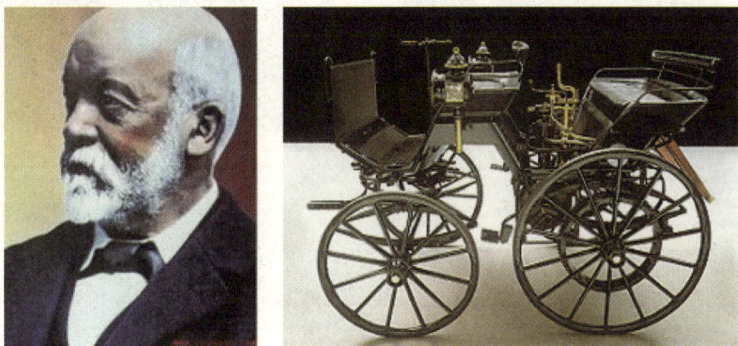

图 1-18 哥特利布·戴姆勒和他发明的第一辆汽油发动机四轮汽车

练一练,做一做:

利用网络和书籍等,了解汽车发展史,特别是在汽车发展过程中的一些关键人物,如卡尔·本茨、哥特利布·戴姆勒等在发明、研制汽车过程中的逸闻趣事等。

二 汽车工业

从卡尔·本茨造出的第一辆汽车以 18km/h 的速度,跑到 21 世纪,制造出了从 0 加速到 100km/h 只需要 2s 多的超级跑车,世界汽车工业的发展出现了新的特点,汽车产业的全球性联合重组步伐加快,技术创新能力成为竞争取胜的关键,采用平台战略、全球采购、模块化供货方式已成趋势。汽车是一种现代文明的标志,可以深刻反映出一个国家工业的发展水平,同时它也是最能反映民族性格特色的产品。比如德国车,就反映了德国人那种追求每一个螺丝钉都完美的较真性格。而美国车做派大气,日本车绚丽新潮,美、日、德三款车摆放在一起,性格迥然,区别一目了然。

1 世界汽车工业的发展

汽车工业通常是指发动机、底盘、车身及电器设备等各种零部件设计、制造与营销等所涉及的企业和企业活动。汽车工业的成长经历了漫长的萌芽和发育时期。一百多年的汽车发展史表明:汽车诞生于德国,成长于法国,成熟于美国,兴旺于欧洲,挑战于日本。让我们一起来回望汽车工业的发展历程。

1)流水线生产方式——福特 T 型汽车创造的神话

对于汽车工业的形成,美国汽车大王亨利·福特(Henry Ford)做出了突出贡献。1908年福特公司推出 T 型汽车(图 1-19)。1913 年,福特公司在汽车城底特律市建成了世界上第一条汽车装配流水线(图 1-20),开创了现代企业的大规模生产方式,实现了产品系列化和零部件标准化,使 T 型汽车成为大批量生产的开端。T 型汽车的经验不仅为美国,甚至为世界汽车工业的发展奠定了基础,福特汽车公司也因此被誉为"汽车现代化的先驱"。

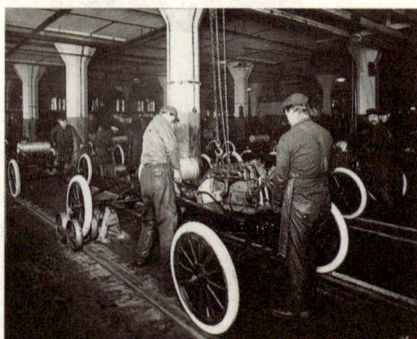

图 1-19　福特的 T 型汽车　　　　　图 1-20　世界上第一条汽车装配流水线

在这之后,闻名世界的通用汽车公司、克莱斯勒公司相继成立,最多时美国曾有 181家汽车厂,其中福特、通用、克莱斯勒三大汽车巨头公司的销售量占美国汽车总销售量的90% 以上。由于美国汽车工业突飞猛进,是第一个以汽车工业作为支柱产业的国家,这使美国首先进入了现代化。

2)汽车产品多样化——以欧洲为重心的汽车工业发展时期

第二次世界大战以前,欧洲人就已经开始对美国汽车的一统天下不满。但是,由于当时欧洲汽车公司尚不能大批量生产、降低售价与美国汽车公司竞争。于是,以新颖的汽车产品,例如发动机前置前驱、发动机后置后驱、承载式车身、微型节油车等层出不穷,尽量适应不同的道路条件、国民爱好等要求,并能与美国汽车公司抗衡。因此,汽车产品形成了由单一到多样化的变革。并且针对美国车型单一、体积庞大和油耗高等弱点,欧洲各国利用本国的技术优势,开发多品种和轻便普及型汽车,形成了多姿多彩的新型车。例如:严谨规范的奔驰、宝马(图 1-21);雍容华贵的劳斯莱斯、美洲豹(图 1-22);轻盈典雅的法拉力、雪铁龙(图 1-23);神奇的甲壳虫(图 1-24);风靡全球的"迷你"(图 1-25)等车型纷

图 1-21　严谨规范的奔驰、宝马

纷亮相。产品的多样化成为最大优势,规模效益也得以体现。

图1-22 雍容华贵的劳斯莱斯、美洲豹

图1-23 轻盈典雅的法拉利、雪铁龙

图1-24 神奇的甲壳虫

图1-25 风靡全球的"迷你"

第二次世界大战以前,西欧各国的汽车产量仅为北美的11.5%;到战后的1950年,这一数字提高到16%;到1970年,北美仅生产749.1万辆,而西欧各国却超过北美产量的38.5%,达到1037.8万辆。欧洲汽车工业的大发展使世界汽车工业的重心逐步由美国移向欧洲。

欧洲汽车工业的特点:既有美国式大规模生产的特征,又有欧洲式多品种、高技术的趋势,汽车在结构、性能等方面得到了大幅度的提高。

3)精益的生产方式——日本汽车工业的腾飞

日本汽车工业起步较晚,丰田(图1-26)和日产(图1-27)两大汽车公司均创建于1933年,直到20世纪50年代,日本的汽车工业发展仍很缓慢。60年代,日本推行了终身雇佣制及全面质量管理(TQC),促进了劳动者与管理者之间的相互信任,调动了积极因素,使工业发展出现了飞跃。特别是日本丰田公司探索出独特的、令世界耳目一新的"丰田生产方式",即理论界所称的"精益式生产方式"。它是以精益求精的态度和科学的方法来控制和管理汽车的设计开发、工程技术、采购、制造、储运、销售和售后服务的每一个环节,从而达到以最小的投入创造出最大价值的目的。随后,这一生产方式由丰田普及到日本汽车工业,又从汽车工业扩展到整个制造业,从而将日本推向汽车王国的经济强国之列。日本的这种生产方式目前已为各国效仿。

图1-26　丰田汽车

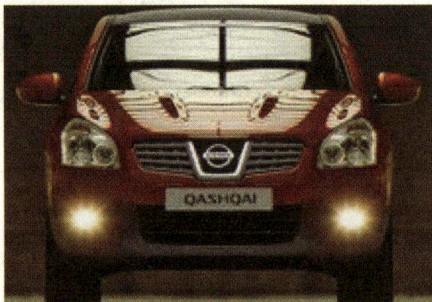

图1-27　日产汽车

1961年日本汽车产量超过意大利跃居世界第五位;1965年超过法国居世界第四位;1966年超过英国升为第三位;1968年追上德国居世界第二位;1980年日本汽车产量首次突破1000万辆大关,达1104万辆,一举击败美国位居世界第一。日本也成为继美国、欧洲之后的世界第三个汽车工业重心和发展中心,即世界汽车工业重心发生了从欧洲到日本的第三次转移。

4)世界汽车工业"6+3"格局

20世纪90年代后期,全球汽车业发生了资产重组及联合兼并的事件,对全球汽车工业产生了较大影响。主要事件有:奔驰与克莱斯勒的合并;福特收购沃尔沃轿车公司;雷诺以出让商用车公司为代价而取得沃尔沃集团公司20%的股份;雷诺与日产以交叉持股(前者占有后者44%的股份,后者拥有前者15%的股份)的方式结成战略联盟等。

世界汽车工业在20世纪末基本形成所谓的"6+3"竞争格局。"6"指的是:通用、福特、戴姆勒-克莱斯勒(简称戴-克)、丰田、大众、雷诺-日产,6家合计年产销量占世界总量的比例超过80%;"3"指的是:本田、标致-雪铁龙(PSA)、宝马(BMW)。9家公司年产销量占世界总量的比例约为95%。因此,全球汽车(尤指轿车和轻型车)工业总的竞争态势是大企业、大集团(一般均是跨国公司)主宰和垄断市场,引领发展潮流,这是毋庸置疑的客观现象,并且将长期存在。

练一练,做一做:

利用网络和书籍等,了解各汽车工业强国的发展历程、特点及具有代表性的汽车品牌的发展过程。

② 我国汽车工业的发展

回顾我国汽车工业60年来走过的路程,大致可以分成三个阶段:

1)第一阶段

从1953年诞生到1978年改革开放前。初步奠定了我国汽车工业发展的基础,汽车产品从无到有。

1953年7月15日在长春打下了第一根桩,从而拉开了新中国汽车工业筹建工作的帷幕(图1-28)。长春一汽生产的"解放牌"载货汽车(图1-29),结束了中国不能制造汽车的历史。

图 1-28　第一汽车制造厂外景

图 1-29　解放 CA10 型载货汽车

一汽是我国第一个汽车工业生产基地。1957 年 5 月,一汽开始仿照国外样车自行设计轿车;1958 年先后试制成功 CA71 型"东风牌"小轿车(图 1-30、图 1-31)和 CA72 型红旗牌高级轿车(图 1-32)。同年 9 月,又一辆国产"凤凰牌"轿车(图 1-33)在上海诞生。

图 1-30　东风 CA71 型轿车图

图 1-31　毛泽东主席在中南海观看中国第一辆轿车

图 1-32　红旗 CA72 型轿车

图 1-33　第一辆"凤凰牌"轿车

1958 年左右,中苏关系恶化,中国汽车产业与其他经济部门一起进入自力更生的时期,逐渐形成了几个较有规模的汽车制造厂,如南京汽车制造厂、北京汽车制造厂等。1964 年,国家确定建设以生产越野汽车为主的第二汽车制造厂,是我国汽车工业第二个生产基地,开创了中国汽车工业以自己的力量设计产品、确定工艺、制造设备、兴建工厂的纪录。

2)第二阶段

1978 年到 20 世纪末。中国汽车工业获得了长足的发展,从载货汽车到轿车,形成了完整的汽车工业体系。1978 年以后,政府开始鼓励民族汽车厂商和国外汽车巨头接触,中国汽车由此向世界汽车工业敞开了大门。20世纪80年代中期,中央决定建立现代轿车工业,这是我国汽车产业发展中的一项重要决定。1984年,第一家整车制造合资公司,由北京汽车工业公司与克莱斯勒共同投资的轿车生产企业诞生(图1-34),这标志着汽车产业进入一个新的发展阶段——对外开放阶段。从此,一大批合资公司在中国诞生。

图1-34 Jeep 切诺基车型

这一时期的特点是:把轿车工业作为发展的重点;引进外资,建立合资企业;引进国外产品、工艺和管理方法,实行高起点、大批量的起步方针,很快形成一定规模;企业具有了一定的自主开发能力,初步做到按市场机制运行。同时商用汽车发展迅速,重型汽车、轻型汽车的不足得到改变,我国汽车工业生产体系进一步得到完善。

3)第三阶段

进入21世纪以后。中国汽车工业在中国加入世界贸易组织(WTO)后,进入了一个市场规模、生产规模迅速扩大,自主创新,全面融入世界汽车工业体系的时期。

中国政府对国内市场持开放态度,目前全球主要汽车制造公司都在中国设有合资公司,进一步推动汽车工业进入了大发展时期。同时,国内汽车自主企业也在成长壮大,作为民族汽车自主企业代表的奇瑞开始脱颖而出。1997年3月,奇瑞公司在安徽成立,成为我国自主汽车品牌的新生力量。从零到2004年第20万辆轿车下线,奇瑞只用了四年时间,而从第20万辆下线到奇瑞第50万辆轿车下线还不到两年。在奇瑞还诞生了中国第一个汽车发动机自主品牌ACTEC(图1-35、图1-36),并且在2006年3月有5000台发动机出口美国,实现中国自主发动机品牌出口"零的突破"。近年来,中国汽车自主品牌在夹缝中求生存,并逐渐壮大。

图1-35 奇瑞 ACTECO 发动机

图1-36 搭载 ACTECO 发动机的奇瑞汽车

走合资道路有其历史原因,但是自主品牌、自主创新才是中国汽车工业的终极目标。汽车工业必须依靠自主创新来提升中国汽车工业企业的核心竞争力,参与国际竞争已经成为重点关注的话题。

众所周知,2008年美国金融危机导致的全球汽车业严重衰退,领军世界汽车产业近百年的美国三大汽车公司濒临破产。而中国政府积极扶持汽车产业,于2009年果断出台的"汽车下乡"政策和"汽车产业振兴规划"细则,强烈地刺激了汽车消费并拉动了国民经济增长,形成了以"一汽"、"东风"、"上海"、"中国长安"为龙头的4大汽车集团和13个重点企业集团(公司)为主力军的汽车工业新体系,中国汽车工业以大集团为主的规模化、集约化的产业新格局已初步形成。汽车产业重组规划思路的全新推出,给这块已经成为全球最大汽车市场的土地带来了天翻地覆的变化,也使得中国汽车产销量首次超过美国,连续四年位居世界第一。

世界汽车工业在经过了100年的从欧洲到美洲再到亚洲的自西向东迁徙之后,又一次成为了世界最关注的热点,只是这一次,中国成为了人们最看好的主角。

练一练,做一做:

(1)通过网络和相关资料,进一步了解国家《汽车产业振兴规划》和汽车产业最新政策,分析中国汽车产业发展现状和未来发展趋势。

(2)参观某品牌4S店,重点了解关于该品牌汽车发展的历史,并对该品牌汽车的过去和未来进行讨论,每人交一份关于该品牌汽车发展的基本情况介绍。

单元二　汽车的分类与编号

一　汽车的定义

汽车作为一种交通运输工具,自它诞生一百多年以来,已驶入了人类生活的各个方面。然而,要准确地说出汽车的定义却不那么容易,世界各国对汽车的定义也不尽相同。

汽车的英文叫法有多种,如"automobile"、"motor"、"vehicle"、"car"等,但最能反映汽车本质特征的英文叫法是"automobile",即依靠自身动力装置进行驱动。在日本也称"自动车"(日本汉字中的汽车则是指我们所说的火车),其他文种也多是"自动车"。唯有我国例外,大概早期汽车是蒸汽机驱动的缘故,因此我国就称它为汽车。

美国汽车工程师学会标准(SAEJ 687C)中对汽车的定义是:由本身动力驱动,装有驾驶装置,能在固定轨道以外的道路或地域上运送客货或牵引车辆的车辆。

日本工业标准(JISK 0101)中对汽车的定义是:自身装有发动机和操纵装置,不依靠固定轨道和架线能在陆上行驶的车辆。

德国对汽车的定义是:使用液体燃料、用内燃机驱动、具有3个或3个以上轮子、用于载运乘员或货物的车辆。

我国国家最新标准《汽车和挂车类型的术语和定义》(GB/T 3730.1—2001)对汽车的定义是:由动力驱动,具有四个或四个以上车轮的非轨道承载的车辆,主要用于:载运人员和/或货物;牵引载运人员和/或货物的车辆;特殊用途。包括与电力线相连的车辆,如无轨电车;整车整备质量超过400kg的三轮车辆。

想一想:

有轨电车、轮式推土机、铲运机、叉车、农田作业用的轮式拖拉机等是不是汽车?

二 汽车的分类

汽车的分类方法有许多种,我们选择以下几种常用的分类方法进行介绍。

1 按汽车的动力装置进行分类

按动力装置,汽车分类如表 1-1 所示。

汽车按动力装置分类表　　　　　　　　　　　　表 1-1

种　类		图　示	特　点
内燃机汽车	汽油机汽车	 1-发动机;2-油箱(汽油)	用汽油发动机作为动力装置,功率高、外形紧凑,广泛用于轿车
	柴油机汽车	 1-发动机;2-油箱(柴油)	用柴油发动机作为动力装置的汽车,转矩大,燃油经济性好,广泛用于载货汽车和SUV(多功能运动车)
	清洁燃料汽车	 宝马清洁燃料概念汽车	使用非石油提炼的天然气、醇类燃料、醚类燃料、生物柴油、煤制油及氢气等作为直接燃料的汽车。可以减少对石油的消耗,降低空气污染,减少 CO、HC 和有害颗粒物的排放
电动汽车	纯电动汽车	 1-动力控制装置;2-电动机;3-蓄电池	以车载电源(高性能蓄电池)为动力,用电动机驱动行驶的车辆。动力来源广泛,可利用现行常规电源为蓄电池充电,真正的零排放和低噪声

续上表

种 类		图 示	特 点
电动汽车	燃料电池汽车	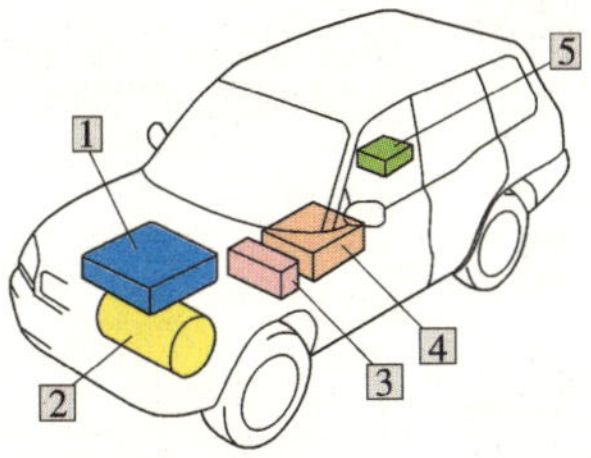 1-动力控制装置;2-电动机;3-燃料电池架; 4-氢气存储系统;5-次级蓄电池	是以氢气、甲醇等为燃料,通过化学反应产生电流,依靠电动机驱动的汽车。高效、无污染或低污染等
	太阳能汽车		利用太阳能电池将太阳能直接转换成电能,再通过电能的消耗,驱动车辆行驶的汽车
	混合动力汽车	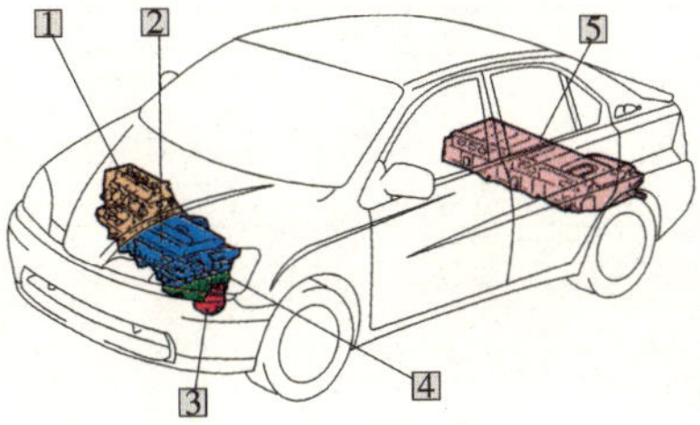 1-发动机;2-变换器;3-传动桥;4-变矩器; 5-蓄电池	装有两种动力源,采用复合方式驱动的汽车。能够实现两种动力类型的最佳利用,效率高、废气少、节约燃料

2 按发动机位置和驱动方式进行分类

汽车传动系的布置形式取决于发动机的形式和性能、汽车的总体结构形式、汽车行驶系等因素。根据不同的使用要求,有下列几种布置形式(见表1-2)。

汽车按布置形式分类   表1-2

布置形式	图 示	特 点
发动机前置,前轮驱动 (FF)	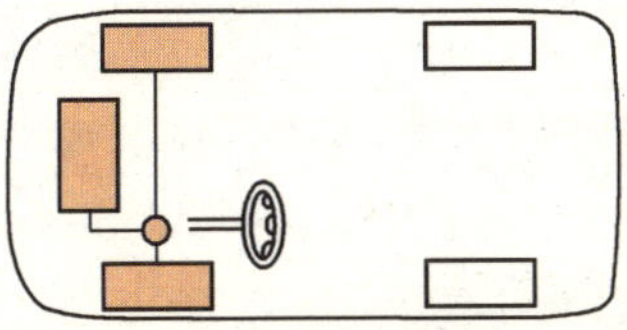	结构紧凑,整车质量小,底盘低,高速时操纵稳定性好,越来越多的乘用车采用该形式

续上表

布置形式	图示	特点
发动机前置，后轮驱动（FR）		传统布置形式，货车、部分中高级乘用车、客车采用该形式
发动机中置，后轮驱动（MR）		F1赛车、跑车的布置，轴荷分配均匀，具有很中性的操控特性，但发动机占去了座舱的空间，空间利用率和实用性较低
发动机后置，后轮驱动（RR）		大、中型客车常采用该布置形式，发动机的振动、噪声、油气味对乘员影响小，空间利用率高
四轮驱动（4WD）		越野车、高性能轿车上应用较多，四个车轮均有动力，地面附着力最大，通过性和动力性好

3 根据汽车用途分类

汽车按用途分为乘用车和商用车两大类。乘用车是指在其设计和技术特性上主要用于载运乘客及其随身行李或临时物品的汽车，包括驾驶员座位在内最多不超过9个座位。它也可牵引一辆挂车。商用车是指在设计和技术特性上用于运送人员和货物的汽车，并且可以牵引挂车，乘用车不包括在内。根据GB/T3730.1—2001，汽车分类见表1-3。

汽车按用途分类　　　　　　　　　　　　表1-3

汽车	乘用车（不超过9座）	普通乘用车	车身封闭，车顶固定，至少两排座位，两个或四个侧门，可有一后开启门
		活顶乘用车	车身可开启，车顶可开闭，至少两排座位，两个或四个侧门
		高级乘用车	车身封闭，车顶固定，四个或六个侧门，六个或六个以上侧窗
		小型乘用车	车身封闭，后部狭小，车顶固定，两个或两个以上座位、侧窗，两个侧门
		敞篷车	车身可开启，车顶可开闭，两个或两个以上座位、侧窗，两个或四个侧门
		舱背乘用车	车身封闭，车顶固定，四个或以上座位，后座椅可移动，车身后部有舱门
		旅行车	车身封闭，后部空间大，车顶固定，四个或以上座位、侧窗，座椅可拆除
		多用途乘用车	除以上7种以外的只有单一车室载运乘客及其行李或物品的乘用车
		短头乘用车	一半以上的发动机长度位于车辆前风窗玻璃最前点之后
		越野乘用车	所有车轮同时驱动，几何特性、技术特性允许在非道路上行驶
		专用乘用车	包括旅居车、防弹车、救护车、殡仪车等

续上表

汽车	商用车	客车	小型客车	用于载运乘客,除驾驶员座位外,座位数不超过16座
			城市客车	设有座椅及站立乘客的位置,有足够空间供上下车走动用
			长途客车	城际运输,没有专供乘客站立的位置,通道内可短途站立
			旅游客车	旅游用客车,确保乘客的舒适性,不载运站立的乘客
			铰接客车	两节刚性车厢铰接组成的客车,两节车厢相通
			无轨电车	经架线由电力驱动的客车
			越野客车	所有车轮同时驱动,几何、技术特性允许在非道路上行驶
			专用客车	只适用于需经特殊布置安排后才能载运人员的车辆
		货车	普通货车	敞开(平板式)或封闭(厢式)载货空间内载运货物的货车
			多用途货车	驾驶员座椅后带有座椅,可运载3个以上乘客的货车
			全挂牵引车	牵引杆式挂车的货车,本身可运载货物
			越野货车	所有车轮同时驱动,几何、技术特性允许在非道路上行驶
			专用作业车	其设计和技术特性上用于特殊工作的货车,如消防车等
			专用货车	其设计和技术特性上用于运输特殊物品的货车,如罐式车等
		半挂牵引车		装备有特殊装置用于牵引半挂车的商用车辆

练一练,做一做:

(1)查阅相关资料,了解我国新旧标准汽车车型分类方法的区别。

(2)利用网络和相关资料,了解常说的 A 级车、B 级车是如何分类的,了解什么是 SUV、CRV、MPV、CUV、概念车等。

(3)观察身边的汽车,辨认它们的类型。

三 汽车的编号

汽车的编号分为汽车产品编号和车辆识别代码两种形式。前者主要用来表明汽车的厂牌、类型和主要特征参数等,目前我国关于汽车产品编号的规则主要依据1988年颁布的国家标准《汽车产品型号编制规则》(GB 9417—88),适用于设计定型的各类汽车和半挂车,不包括军事特种车辆;后者则按照国家标准化组织制定的统一规则,在世界范围内对车辆编制唯一识别身份的代码。

1 汽车产品编号

根据国家标准规定,汽车产品编号由企业名称代号、车辆类别代号、主参数序号、产品序号和企业自定义代号五部分组成,对于专用汽车及专用半挂车还应增加专用汽车分类代号,用汉语拼音字母和阿拉伯数字表示。

普通汽车:□□ ○ ○○ ○ ■■
　　　　　a　 b　 c　 d　 e

(a-企业名称代号;b-车辆类别代号;c-主参数代号;d-产品序号;e-企业自定代号)

专用汽车:□□ ○ ○○ ○ □□□ ■■■
　　　　　a　 b　 c　 d　 e　　 f

(a-企业名称代号;b-车辆类别代号;c-主参数代号;d-产品序号;e-专用汽车分类代

号；f-企业自定代号）

其中：□-用汉语拼音字母表示；○-用阿拉伯数字表示；■-用汉语拼音字母或阿拉伯数字均可。

汽车产品编号举例：

BJ2020S：BJ 代表北京汽车制造厂，2 代表越野车，02 代表该车总质量为 2t，0 代表该车为第一代产品，S 为企业自定义。

TJ7131U：TJ 代表天津汽车制造厂，7 代表轿车，13 代表发动机排量为 1.3L，1 代表该车为第二代产品，U 为企业自定义。

CA1091：CA 表示一汽集团制造，1 代表载货汽车，总质量为 9t，最后的 1 代表同类车型的第二系列。

EQ2090：表示东风汽车公司生产的越野汽车，总质量为 9t，是同类车型的第一系列。

TJ7100：表示天津汽车厂生产的轿车，发动机排量为 1.0L，是同类车型的第一系列。

2 车辆识别代码（VIN）

车辆识别代码简称 VIN（vehicle identification number），由一组 17 位字母和阿拉伯数字组成，分为世界制造厂识别代码（WMI）、车辆描述码（VDS）和车辆指示码（VIS）三部分用，

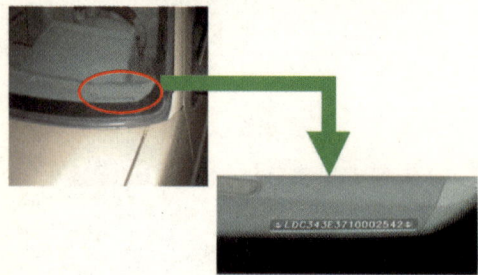

图 1-37　车辆识别代码及常见位置

以识别车辆身份。我国轿车的 VIN 大多可以在仪表板左侧、风窗玻璃下面找到（图 1-37）。VIN 具有全球通用性，最大限度的信息承载性和可检索性，在世界范围内可以确保 30 年无重号，已成为全世界识别车辆唯一正确的"身份证"。VIN 可查询车辆的制造厂、销售商及车上的部件，可以帮助寻找丢失车的线索，因此在进入信息化的现代社会，VIN 实际上已成为汽车管理必不可少的工具。

下面以桑塔纳轿车为例说明 VIN 的含义：LSVHJ133022221761，见表 1-4。

桑塔纳轿车 VIN 含义　　　　　　　　　　　　　　　　表 1-4

WMI			VDS						VIS							
L	S	V	H	J	1	3	3	0	2	2	2	2	1	7	6	1
1	2	3	4	5	6	7	8	9	10	11	12	13	14	15	16	17

第 1～3 位：世界制造厂识别代码，"LSV"表示上海大众汽车有限公司。

第 4 位：车身形式代码，"H"表示 4 门加长型折背式车身。

第 5 位：发动机/变速器代码，"J"表示发动机为 AYJ，自动变速器为 FNV（01N. A）。

第 6 位：乘员保护系统代码，"1"表示驾驶员位置有安全气囊。

第 7～8 位：车辆等级代码，"33"表示为上海桑塔纳型轿车。

第 9 位：检验位，0～9 中任何一数字或字母"X"。

第 10 位：年份代码，"2"表示年份为 2002 年。

第 11 位：装配厂代码，"2"表示装配厂为上海大众汽车有限公司。

第 12～17 位：表示车辆制造顺序号为 221761。

该 VIN 的含义是:2002 年上海大众汽车有限公司生产的桑塔纳 2000 型轿车,该车配备 AYJ 发动机,FNV(01N. A)自动变速器,出厂编号是 221761。

练一练,做一做:

查阅相关资料,了解汽车产品编号和车辆识别代码(VIN)各部分意义及标准。

四　汽车试验

1　汽车试验的定义及作用

汽车试验是指在专用试验场、其他专用场地或试验室内,使用专用的仪器设备,依照试验大纲及有关标准,对汽车或总成、部件进行各种测试的过程,也可根据需要在常规道路上或典型地域进行相关试验,如限定工况的实际行驶试验和地区适应性试验等。

汽车试验过程是汽车设计开发过程中最为关键的环节之一,既是检验已有设计合格与否的有效途径,又为进一步的修改和优化提供事实依据;同时,先进有效的试验手段可以大大降低开发费用,并缩短开发周期。因此,汽车试验是保证产品性能、提高产品质量和市场竞争力的重要手段。

2　汽车试验的分类

汽车试验常见的分类方法一般有以下三种:

(1)按试验目的分类,可分为质量检查试验、产品定型试验和科研性试验(图1-38)。

图1-38　氢燃料电池汽车正面碰撞试验

(2)按试验对象分类,可分为整车性能试验(图1-39)、机构及总成试验(图1-40)和零部件试验。

图1-39　汽车整车制动性能测试

(3)按试验方法分类,可分为室内台架试验(图1-41)、室外道路试验(图1-42)和试车场试验(图1-43)。

练一练,做一做:

利用网络和相关资料,了解国内外汽车试验发展状况及国内大型试验场概况。

图1-40　发动机性能检测试验

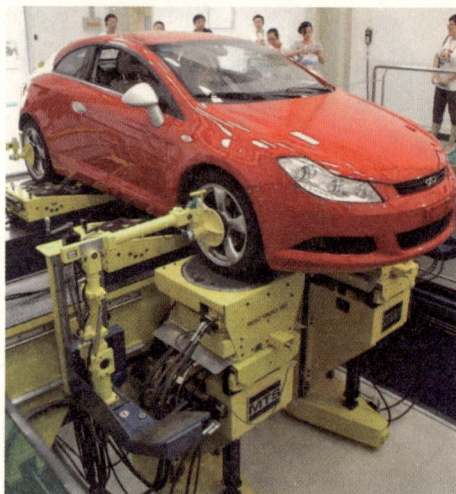

图1-41　悬架及转向系统运动学特性和柔顺性试验

图1-42　汽车分别在山路、高速公路及颠簸路面上的测试

图1-43　国内首次30°角车对车实车碰撞试验在奇瑞新建的亚洲最大汽车试验技术中心成功完成

思考与练习

一、填空题

1. 1886年,_____发明了第一辆三轮汽车,1886年_____月_____日被认为是世界汽车诞生日。

2. 1908年,福特开发了举世闻名的_____,并首创了汽车大规模_____方式,极大地提高了生产效率。

3.我国的四大汽车集团公司是指_____、_____、_____和_____。

4.在我国,汽车是指由自身装备的_____驱动,一般具有四个或四个以上车轮,不依靠_____或_____而在陆地行驶的车辆。

5.汽车根据动力装置进行分类,可分为内燃机汽车、_____和_____,按用途分类,可分为_____和_____两大类。

6.汽车的编号分为_____和_____两种形式,VIN 由_____、车辆描述码(VDS)和_____三部分组成。

7.汽车试验是指在专用试验场、其他专用场地或_____,使用专用的仪器设备,依照_____,对汽车或_____、部件进行各种测试的过程,也可根据需要在_____或典型地域进行相关试验,如限定工况的实际行驶试验和地区适应性试验等。

二、简答题

1.美国福特 T 型汽车对美国汽车普及有何意义?

2.日本汽车工业是怎样崛起的?

3.简述中国汽车工业发展的特点和未来发展趋势。

4.车辆的各种驱动形式各有什么特点?

5.简述我国汽车产品的编号规则,并举例说明。

项目二　汽车名人

项目描述

在汽车发展 100 多年的漫长岁月里,有指责、有赞美、有曲折、有辉煌,更有无数汽车名人各领风骚。尽管这些名人的家庭出身有贫富之差,受教育程度有高低之分,社会地位有贵贱之别,但是他们追求的目标是一样的,那就是将自己毕生的精力全部投入到自己所喜爱的汽车行业中,真正做到了"干一行,爱一行",同时也为人类、为汽车事业创造了一个神奇的世界。

学习目标

1. 了解欧洲汽车名人;
2. 了解美洲汽车名人;
3. 了解亚洲汽车名人。

建议课时

4 课时。

单元一　欧洲汽车名人

一　卡尔·本茨

卡尔·弗里德里希·本茨(Karl Friedrich Benz,1844—1929)(图 1-17),世界第一辆内燃机驱动三轮汽车的发明人,德国著名的戴姆勒-奔驰汽车公司的创始人之一,现代汽车工业的先驱者之一,被誉为"汽车之父"、"汽车鼻祖"。

1844 年 11 月 25 日,本茨出生于德国西部的卡尔斯鲁厄一个火车司机之家。从中学时期,本茨就对自然科学产生了浓厚的兴趣。并先后就读于卡尔斯鲁厄文理学院和卡尔斯鲁厄综合科技大学,较为系统地学习了机械构造、机械原理、发动机制造、机械制造经济核算等课程,为日后的发展打下了良好基础。

在经历过学徒工、服兵役、娶妻生子等人生经历后,本茨 1872 年与奥格斯特·里特合作组建了"奔驰铁器铸造公司和机械工厂",并于 1879 年 12 月 31 日制造出第一台单缸煤气发动机(转速为 200r/min,功率约为 0.7kW)。因研究工作受阻,本茨离开该公司后,于 1883 年与另外两位合伙人建立了奔驰公司莱茵燃气发动机工厂。经过几年清贫的生活,一直努力工作的本茨一改再改设计方案,终于在 1886 年 1 月 29 日取得世界上第一辆单缸发动机三轮汽车的发明专利(图 2-1),这一天即被确认为汽车的诞生日。随后,本茨对发明的汽车进行了几轮改进,并于 1888 年开始销售自己生产的汽车,同时也授权在法国生产销售汽车。

　　1893年,本茨研制成功了性能先进的"维克托得亚"牌汽车(图2-2)。它采用本茨专利的3L发动机,转向盘安装在汽车中部。但由于该车价格高昂,一度成为滞销品。后经本茨多次改进,最后将车箱座位设计成面对面的18个,并因此成为世界上第一辆公共汽车。

图2-1　世界第一辆汽车(三轮汽车)　　　　　　图2-2　"维克托得亚"牌汽车

　　1903年,本茨逐渐退出了繁忙的公司事务,以监督委员会成员的身份管理公司。1926年,本茨的汽车公司与戴姆勒汽车公司合并,成立了戴姆勒-奔驰公司。1929年4月4日,卡尔·本茨因患肺炎,在拉登堡的家中去世,享年85岁。

二　戈特利布·戴姆勒

　　戈特利布·戴姆勒(Gottlieb Daimler,1834—1900)(图1-18),世界第一辆内燃机驱动四轮汽车的发明人,德国戴姆勒汽车公司的创始人,现代汽车工业的先驱者之一,也被称为"汽车之父"。

　　1834年3月17日,戴姆勒出生于德国符腾堡雷姆斯河畔舍恩多夫镇的一个面包师家庭。1848年14岁的戴姆勒便开始在铁炮锻造工厂中学习。1852年,在一家工厂找到了机械工程方面的工作。1857—1859年,在斯图加特的工程学校里接受了系统全面的专业知识培训。毕业后,在英国和法国从事和学习先进的机械加工技术及船舶制造技术。1862年回国后,戴姆勒曾在罗伊特林根一家机械制造厂做技术经理,并结识了他毕生的挚友与合作伙伴——威廉·迈巴赫。

　　1872年,戴姆勒受到奥托的邀请,与好友迈巴赫一起转入奥托建立的道依茨发动机公司工作。1882年,戴姆勒和迈巴赫离开了该公司,在斯图加特的郊外康斯塔特设立了工厂,着手制造汽油机。他们将奥托四行程发动机改进后,于1883年推出首部戴姆勒卧式发动机,1884年又推出了性能更好的立式发动机,并于1885年4月3日获得德国专利。1885年他将此发动机安装于木制双轮车上,取名"骑式双轮车",并获得德国专利,这是世界上第一辆摩托车(图2-3)。1886年戴姆勒把这种发动机安装在他为妻子43岁生日而购买的马车上,创造了第一辆戴姆勒汽车,并由迈巴赫成功地完成了试车,称为世界上第一辆四轮汽车(图2-4)。

　　1890年11月28日,戴姆勒创建了自己的汽车公司。据说,在1873年戴姆勒给妻子的明信片上画了一颗星,他期望有一天会看到这颗星在他公司上空升起。1909年,戴姆勒汽车公司和汽车商标采用了把三叉星镶嵌在圆圈内的商标。

　　1900 年 3 月 6 日，戴姆勒因心脏病在德国斯图加特的巴特坎施塔特去世，享年 66 岁。

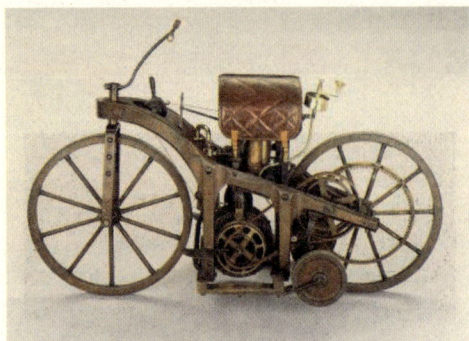

图 2-3　世界上"第一辆摩托车"

图 2-4　世界上第一辆四轮汽车

三　费迪南德·保时捷

　　费迪南德·保时捷（Ferdinand Porsche，1875—1952）（图 2-5），是德国著名的汽车工程师、大众汽车公司创始人、保时捷汽车公司缔造者、甲壳虫汽车与虎式坦克的设计者，是最为杰出的汽车设计大师之一。

　　1875 年 12 月 3 日，保时捷出生于波西米亚（原为德国境内，今属捷克）的一个铁匠之家，15 岁进入夜大学习。1896 年，保时捷设计了一台能安装在汽车轮内的电动机，并因此获得了第一个"混合传动系统"专利。1900 年，他首创的电动汽车 Lohner-Porsche（图 2-6）出现在巴黎世界工业产品博览会上，造成轰动。这是第一部以保时捷命名的汽车，也是如今大红大紫的电动汽车的雏形。1902 年，保时捷在该车上装了一台内燃机，由内燃机发电驱动轮毂电机，这是世界上第一台混合动力汽车，也一举奠定了保时捷"电动汽车之父"的地位。

图 2-5　费迪南德·保时捷

图 2-6　1900 年产 Lohner-Porsche 电动车

　　1905 年，他被聘任为戴姆勒公司奥地利分公司技术部经理，先后成功设计了"玛哈"牌汽车、"公爵"牌轿车等。1917 年，保时捷被奥地利维也纳技术大学授予"名誉博士"称号。

　　1923 年，保时捷离开了戴姆勒汽车公司奥地利汽车分公司。几个月后，他来到位于德国斯图加特的戴姆勒发动机公司。在此期间,他设计了多款具有划时代意义的新车,比如震惊车坛的梅赛德斯-奔驰的 S、SS 和 SSK(图 2-7)超级增压赛车横扫车坛,拿下无数冠军,统治了 19 世纪 20 年代的赛车场。

1931 年 4 月,保时捷在德国斯图加特成立了自己的咨询公司——保时捷发动机与飞机设计咨询有限责任公司。1934 年,他以全新角度设计出了具有 16 缸增压式发动机的第一辆保时捷赛车"银箭"(图 2-8),该车先后打破了 8 项世界纪录,成为德国汽车工业中光辉的篇章。

图 2-7　奔驰 SSK

图 2-8　银箭

从 1935 年起,保时捷在当时德国总理阿道夫·希特勒的大力支持下,带领设计小组按照"坚固可靠,经济实用,技术全面成熟"的三条原则开发设计大众型轿车。1936 年 10 月 12 日,三辆大众型"V-1"轿车开发成功,并通过了技术鉴定,这就是后来风靡全球的"甲壳虫"汽车。1937 年 5 月,大众汽车公司成立。1939 年 8 月生产出第一批"甲壳虫"轿车(图 2-9)。

"二战"期间,保时捷因曾参与设计了威震欧洲战场的"虎"式坦克和"象"式坦克歼击车,战后被盟军指控为战犯,关进法国监狱。

1948 年,获释后的保时捷重操旧业,他所组建的"保时捷设计有限公司"精心设计、制作了 50 辆功率为 30kW、铝制车身的保时捷 356 型(图 2-10)跑车。由于该车在一次重大比赛中出人意料地战胜了许多欧美名车,一夜之间保时捷成为妇孺皆知的英雄,他的地位由此得以确定。

图 2-9　大众甲壳虫

图 2-10　保时捷 356

1952 年 1 月 30 日,就在保时捷 356 型跑车开始为公司赢得荣誉时,费迪南德·保时捷先生因病去世,终年 77 岁。

四　安德烈·雪铁龙

安德烈·雪铁龙(A. Citroen,1878—1935)(图2-11)是法国雪铁龙汽车公司(CITRO-EN)的创始人,发动机前置前轮驱动汽车技术的发明者。

图2-11　安德烈·雪铁龙

1878年2月5日,安德烈·雪铁龙出生于法国巴黎一家珠宝商家庭。1900年,雪铁龙发明了人字齿轮,随后在巴黎建了一个小公司专门生产自己的专利产品。1912年,雪铁龙参观了亨利·福特的汽车厂,并将福特的大批量流水线生产方式第一次引入了法国。1913年,他把自己的公司定名为"雪铁龙齿轮工厂",专门从事齿轮传动机的生产,同时开始生产汽车。

1919年,雪铁龙A型汽车面世(图2-12),这是雪铁龙汽车公司创建后制造的第一批汽车,也是欧洲第一辆采用流水线方式生产的汽车,该车于1920年在勒芒获得最佳经济性能奖。1924年7月28日雪铁龙汽车公司正式挂牌成立。1934年,雪铁龙发明了发动机前置、前轮驱动汽车(图2-13),这是至今轿车仍最常采用的动力布置形式。

图2-12　雪铁龙A型车

图2-13　最早量产的前置前驱汽车

雪铁龙一直坚持认为:汽车厂卖的不只是汽车,还有无微不至的服务。他创立了一年保质期制度,建立分销网,罗列出零件目录及维修费用一览表,使所有销售点、维修点的费用得以统一。1922年,他成立了全国第一个专司分期付款的机构,并创办了不少汽车出租公司,在全国各地形成了一个游览车服务网。同时,雪铁龙相当重视公司和产品的宣传工作,很多宣传手段新颖、成效显著。

雪铁龙不断追求技术上的进步,在新研制的汽车上采用一系列全新的技术——前轮驱动、流线型车身、自承重设计、扭力杆悬架装置、液压制动、悬浮电动机、自动变速器。由于所需经费庞大,他只好向部分经销商及米其林公司请求赞助。后因投产新车型销路受阻,雪铁龙负债累累,不得不将公司卖给米其林公司。从此,他因忧郁住进了医院。

1937年7月3日,雪铁龙因患癌症去世,享年57岁。

五　恩佐·法拉利

恩佐·法拉利(Enzo Ferrari,1898—1988)(图2-14),是法拉利汽车公司的创始人、世界赛车冠军、划时代的汽车设计大师,人称"赛车之父"。

恩佐·法拉利于 1898 年 2 月 18 日出生在意大利北部莫德拉的一个小钣金工厂主的家中。从小爱好汽车赛，13 岁开始独自驾驶汽车。他曾在一家小汽车公司（CMN）就职，并参加公司的赛车队。1920 年法拉利在意大利的阿尔法-罗密欧汽车公司从事跑车设计，并初露锋芒。年轻有为、血气方刚的法拉利，不仅是一名跑车设计师，也是意大利有名的赛车队长，在赛车场上一连夺冠，震动了整个意大利。1929 年，受阿尔法-罗密欧公司的委托，负责成立了专门的赛车队——法拉利赛车队（法拉利汽车公司的前身），并在各种大赛中取得了辉煌战绩。

图 2-14 恩佐·法拉利

1938 年，法拉利离开了阿尔法-罗密欧汽车公司，成立了一个赛车零部件供应公司。1947 年，法拉利在意大利北部城市波伦亚的马拉内罗创办了法拉利汽车制造公司，生产出第一辆以自己的名字进行命名的法拉利 Tipol25（图 2-15），以跳马图为商标。后来，法拉利又相继生产了 Tipo166（图 2-16）、Tipo195、Tipo212 和 Tipo225 等型赛车。由于赛车的性能需要在赛车场上才能得到检验，因此，法拉利积极参加各种汽车大赛，借以检验、宣传自己的赛车，先后夺得过多项桂冠，这一连串的胜利，奠定了法拉利赛车在世界车坛至高无上的地位。

图 2-15 法拉利 Tipol25

图 2-16 法拉利 Tipol66

法拉利除了制造赛车并参加大赛以外，还积极策划制造法拉利跑车，以求以车养车。可惜小规模的跑车生产难以支持赛车队庞大的开销，经济常常陷入困境。1969 年，法拉利汽车公司被菲亚特公司收购。

1988 年 8 月 14 日，汽车界的巨星恩佐·法拉利在家中去世，终年 90 岁。他留给后人的是那不朽的事业和艺术品一般的法拉利车。

练一练，做一做：

还有哪些欧洲汽车名人是你感兴趣的，查一查他们的故事。

单元二 美洲汽车名人

一 亨利·福特

亨利·福特（Henry Ford，1863—1947）（图 2-17），美国和世界汽车工业的主要奠基者之一，推出经济型 T 型车，创造了用流水线装配汽车的方式，被誉为"汽车大王"和"给世界装上轮子的人"。

图2-17 亨利·福特

福特于1863年7月30日出生在美国密歇根州韦恩郡史普林威尔镇一个爱尔兰移民农场主家庭。福特从小就对机械感兴趣,他做过学徒工,自学成为一名蒸汽机技术师,当过爱迪生电灯公司总工程师。他潜心设计汽车,1896年试制成一辆二汽缸风冷式四马力汽车。这之后,福特曾有两次办汽车厂的经历,但均以失败而告终。

1903年6月16日,福特第三次和11名合伙人成立福特汽车公司。同年,公司生产出第一辆福特牌汽车。1908年,福特生产出世界上第一辆T型车(图2-18),这种大众化汽车深受欢迎,彻底改变了美国人的生活方式,将人类带入了汽车时代。1913年,福特创立了全世界第一条汽车流水装配线(图2-19)。这种流水作业法后来被称为"福特制",并在全世界广泛推广,掀起了汽车工业的第一次革命。

图2-18 1908年福特T型车

图2-19 第一条汽车流水装配线

福特晚年时特别专横,没能适应消费者需求的变化,并未能及时推出新车型。1927年福特汽车公司世界第一的位置被通用汽车公司占据,1936年还一度被克莱斯勒汽车公司超过。1943年,他的儿子埃塞尔·福特病故,围绕公司继承权的问题,公司和福特家族发生了一场激烈的斗争。1945年,福特在感到自己无法控制局势之后,辞去了总经理的职务,把福特公司交给了长孙亨利·福特二世。1947年4月7日,亨利·福特因脑溢血死于底特律市,享年83岁。

1947年4月《纽约时报》对福特这样评价:"当他未来到人世时,这个世界还是马车时代,当他离开人世时,这个世界已成了汽车的世界。福特不仅是福特汽车公司的创始人,同时也带动了整个汽车行业的发展"。1999年,《财富》杂志将福特评为"20世纪最伟大的企业家",2005年《福布斯》杂志公布了有史以来最有影响力的20位企业家,亨利·福特名列榜首。

二 威廉·杜兰特

威廉·杜兰特(William Crapo Durant,1861—1947)(图2-20),美国通用汽车公司的缔造者,美国汽车工业的先驱。

杜兰特于1861年12月8日出生于美国的马萨诸塞州波士顿市。1886年,杜兰特筹资在弗林特市成立了一家马车制造厂,该厂很快成为全美最大的马车制造商。1904年,杜兰特用50美元买进了陷入困境中的别克汽车公司,4年内就生产和销售了8000多辆汽车,比当时的福特和凯迪拉克两家公司的销售总量还多。1908年8月,杜兰特在新泽西州成立了通用汽车公司,合并后的公司包括别克、奥克兰、奥兹莫比尔、凯迪拉克4个大汽车公司和5个较小的汽车公司、3个货车制造公司,还有1个汽车销售公司。

图2-20　威廉·杜兰特

1910年,在与福特公司的激烈竞争下通用公司陷入严重的资金危机,杜兰特被解除了总经理的职务。1911年11月3日,杜兰特和路易斯·雪佛兰组成了雪佛兰汽车公司。为了重新夺回通用公司的控制权,1916年10月13日,杜兰特又在特拉华州成立了新通用汽车股份有限公司,并用新通用股票调换老通用股票。1917年8月1日,新通用公司取得了原通用公司的全部资产,原通用宣布解散。杜兰特在担任新通用公司总经理的4年中,公司的规模扩大了8倍。但由于杜兰特的一系列失误,公司濒临倒闭,杜兰特被迫于1920年11月辞职,并彻底离开了汽车界。后来,杜兰特在默默无闻中度过了他的余生。1947年,杜兰特因病在家中去世,享年86岁。

虽然杜兰特已逝去,但他一手缔造的通用汽车公司,却成功地存活下来,后经斯隆等人的成功经营,开创了通用汽车时代,使它一度成为世界上最大的汽车公司。

练一练,做一做:

还有哪些美洲汽车名人是你感兴趣的,查一查他们的故事。

单元三　亚洲汽车名人

一　丰田喜一郎

丰田喜一郎(Kiichiro Toyoda,1894—1952)(图2-21),丰田汽车公司的创始人,日本汽车工业的先驱者,被称为"日本的大批量汽车生产之父",创造了后来风靡全球的"丰田生产方式"。

丰田喜一郎于1894年11月6日出生在静冈县敷知郡吉津村,就读于东京帝国大学工学系机械专业,毕业后到父亲的自动织布机械厂工作。经过10年磨练,丰田喜一郎担任主管技术的常务经理。当他发现汽车能给人们带来极大方便时,预感到这一新兴行业具有广阔的发展前景,决定将其作为自己的事业,他的这一想法得到了父亲的大力支持。

图2-21　丰田喜一郎

父亲去世以后,公司总裁的职位由丰田喜一郎的妹夫丰田利三郎担任。1933年,在丰田喜一郎的一再要求下,他勉强同意公司设立汽车部,并将一间仓库的一角划作汽车研制的地点。丰田喜一郎先后购回一台美国"雪佛兰"汽车发动机和一辆德国产的

DKW 前轮驱动汽车,经过连续两年的研究,于 1935 年 8 月造出了第一辆丰田 GI 卡车(图 2-22),1936 年,丰田 AA 型轿车问世(图 2-23)。1937 年 8 月 27 日,丰田喜一郎创建了丰田汽车公司,地址在爱知县举田町。他的指导思想是:贫穷的日本需要便宜的汽车,生产廉价的汽车是公司的责任。后来,丰田汽车公司确定了"用低成本、大批量的生产方式生产高质量的汽车,进而加入世界一流汽车工业"的方针,因此,日本人称他是"日本大批量汽车生产之父"。

图 2-22 第一辆丰田 GI 卡车

图 2-23 第一辆丰田 AA 型轿车

丰田喜一郎对汽车工业的另一项重大贡献是体现生产过程的科学管理。他主张弹性生产方式,工人"每天只做必要的工作量"即可,工厂无需设置存货仓库,无需占用大量周转资金,许多外购零部件在付款之前就已被装车卖出了。他为此喊出的"恰好赶上"的口号,后发展成为完善的"丰田生产方式"。今天,"丰田生产方式"已超越国别、行业而成为世界许多国家争相学习的先进经验。

1952 年 3 月 27 日,丰田喜一郎患脑溢血去世,终年 57 岁。

二 饶斌

饶斌(1913—1987)(图 2-24),中国汽车工业的杰出奠基人和开拓者,享有"中国汽车之父"的盛誉。他直接领导建成了第一、第二汽车制造厂等大型汽车工业基地,为我国汽车工业的创建和发展做出了许多开创性的工作。

饶斌,1913 年生于吉林省吉林市,祖籍江苏南京。1953 年,饶斌被任命为第一汽车制造厂厂长后,全面领导工厂的建设和生产准备工作。在他的领导下,仅用了短短 3 年时间,就在长春市南郊一片荒野上,建起了一座现代化的汽车城。1956 年 7 月 13 日,第一辆解放牌载货汽车在总装配线下线(图 2-25),结束了中国不能制造汽车的历史。

1964 年,饶斌受命筹建第二汽车制造厂,为选厂址他跑遍了中南地区。为建成世界级的第二汽车制造厂,他经过调查研究和精心构思,最后提出了"包建"和"聚宝"两大方针,建立了第二汽车制造厂。20 世纪 50 年代还跟前苏联专家学习产品设计、工艺设计和工厂设计,到了 60 年代就承担起为第二汽车制造厂设计性能更先进的汽车、建设规模更大的汽车厂的任务。

图 2-24　饶斌

图 2-25　国产第一辆解放牌 4t 载货汽车在第一汽车制造厂投产下线

　　饶斌也曾在北京担任第一机械工业部部长、中国汽车工业公司董事长、中顾委委员等职。1987 年夏天，饶斌到上海，视察为上海桑塔纳轿车配套的几家零部件厂。他还提出了上海发展轿车工业的建议。

　　由于过度疲劳，长期的高血压迸发脑溢血，饶斌于 1987 年 8 月 29 日在上海逝世，享年 74 岁。饶斌把自己生命的最后时刻也留在了中国汽车工业战线上，外国人把他称作为"中国汽车之父"。

练一练，做一做：

　　(1)利用网络和相关资料，详细了解各汽车名人的奋斗历程及逸闻趣事。

　　(2)举行名人、名车故事竞赛、手抄报等。

思考与练习

　　1._____是世界第一辆内燃机驱动三轮汽车的发明人，德国著名的戴姆勒-奔驰汽车公司的创始人之一，现代汽车工业的先驱者之一，被誉为_____、_____。

　　2._____是世界第一辆内燃机驱动四轮汽车的发明人，德国戴姆勒汽车公司的创始人，现代汽车工业的先驱者之一，和_____一起被称为"汽车之父"。

　　3._____是法拉利汽车公司的创始人、世界赛车冠军、划时代的汽车设计大师，人称_____。

　　4._____是美国和世界汽车工业的主要奠基者之一，推出经济型_____，创造了用_____装配汽车的方式，被誉为"汽车大王"和"给世界装上轮子的人"。

　　5._____是丰田汽车公司的创始人，日本汽车工业的先驱者，被称为"日本的大批量汽车生产之父"，创造了后来风靡全球的_____。

　　6._____是中国汽车工业的杰出奠基人和开拓者，享有"中国汽车之父"的盛誉。

项目三　汽车外形与色彩

项目描述

　　信息时代,汽车已成为生活中不可缺少的交通工具,人们对它的要求也越来越高。如今,汽车时尚的外形、五彩缤纷的色彩越来越炫目。汽车以其外形与色彩向人们炫耀着自己的身份与地位,暗示着自己的性能与价格,展示着自己的美学。汽车不仅仅只是代步工具,还成为了造型艺术、美学和先进技术的结晶。

学习目标

　　1.熟悉汽车外形与色彩的意义;

　　2.了解汽车色彩给人的心理感觉;

　　3.了解汽车色彩与汽车安全行驶;

　　4.了解汽车的流行色彩;

　　5.了解汽车色彩的应用。

建议课时

　　4课时。

单元一　汽车的外形

一　影响汽车外形的因素

　　确定汽车外形有三个基本要素:机械工程学、人体工程学和空气动力学。机械工程学要求汽车具有良好的动力性和操纵稳定性;人体工程学要求汽车提供给驾乘人员有足够的活动空间,舒适性要好;空气动力学要求汽车行驶时空气阻力小。前两个要素在决定汽车构造的基本骨架上具有重要意义,后者主要用于外形设计。

　　当然,汽车外形还要考虑很多其他因素。如商品学要素,从制造厂商的角度出发,使汽车的外形能强烈刺激顾客的购买欲是最为有利的。此外,不同的国家,不同的厂家,汽车外形都有各自的风格,反映着不同的风土人情和传统文化方面的差异,这对汽车外形也有不小的影响。

二　汽车外形的演变

　　汽车车身形式在发展过程中主要经历了马车型汽车、箱型汽车、流线型(甲壳虫)汽车、三厢(船)型汽车、鱼型汽车和楔型汽车等几个阶段。

1 马车型汽车

从 19 世纪末到 20 世纪初,世界上相继出现了一批汽车制造公司。当时的汽车外形基本上沿用了马车的造型,只是在马车的基础上把马换成发动机,因此被人们称为无马的"马车"(图 3-1)。早期生产的汽车都是马车型,而且多是无篷马车型,这样的车身难以抵挡较强烈的风雨侵袭,给乘坐者带来了极大的不便。但人们还是能接受,原因是发动机的功率小,车速低。当时汽车与其说是交通工具,不如说是贵族绅士们的娱乐工具。

a)　　　　　　　b)　　　　　　　c)　　　　　　　d)

图 3-1　无马的马车

a)本茨的三轮汽车;b)戴姆勒的第一辆四轮汽车;c)1901～1905 年在奥兹莫比尔变挡板汽车;d)1892 年的标致汽车

2 箱型汽车

为了提高汽车的速度,发动机的尺寸变得越来越大,在座位下面已经无法容纳,只好布置在汽车的最前面,使汽车的形状变成车头和乘员舱两个方正的部分,这就是箱型车身造型(图 3-2)。

1915 年美国福特汽车公司推出了新型 T 型车,这种车的车室部分很像一只大箱子并装有门和窗(图 3-3)。至此,箱型汽车开始真正的使用。

箱型汽车车体大、乘坐舒适,现在的微型车及客车,供乘客使用的空间仍是一个长方体的箱型空间,也就是说,箱型车身延续至今仍然有着不可替代的生命力。但箱型汽车的阻力大大妨碍了汽车前进的速度,所以人们又开始研究一种新的车型——流线型汽车。

图 3-2　箱型汽车　　　　　　　　　　图 3-3　1915 年福特 T 型车

3 流线型(甲壳虫型)汽车

20 世纪 20 年代,汽车空气动力学的研究逐步发展起来,为创造新的车型提供了较好的理论基础。1934 年美国的克莱斯勒公司生产的气流牌轿车(图 3-4),首先采用了流线型的车身外形。1936 年福特公司在"气流"的基础上,成功研制林肯和风牌流线型轿车(图 3-5)。此车散热器罩很精练,颇具动感,俯视整个车身呈纺锤形,很有特色。

流线型车身的大量生产是从德国的"大众"开始的。1933 年,保时捷博士设计了一种类似甲壳虫外形的汽车（图3-6），它最大限度地发挥了甲壳虫外形的长处，迎风阻力小，空气动力学得到很好的应用，成为同类的车中之王，甲壳虫也成为该车的代名词。由于第二次世界大战的原因，甲壳虫型汽车直到1949年才真正大批量生产，并开始畅销世界各地，同时以一种车型累计生产超过2000万辆的记录而著称于世。

图3-4　1934年克莱斯勒气流牌汽车　　　　图3-5　1936年林肯和风牌汽车　　　　图3-6　大众甲壳虫汽车

但是甲壳虫型汽车也有很大的缺点。一是与箱型车相比，乘员活动空间明显变得狭小，特别是后排乘员，头顶上几乎再也没有空间，产生一种压迫感。二是对横向风的不稳定性。

4 船型汽车

美国福特公司经过几年的努力，于1949年推出具有历史意义的新型福特V8型汽车（图3-7）。这种车型使前翼子板和发动机罩，后翼子板和行李舱融于一体，大灯和散热器罩也形成一个平滑面，乘员舱位于车的中部，整个造型很像一只小船，所以人们把这类车称为"船型汽车"。

船型汽车（图3-8）是空气动力学与人体工程学的完美结合，强调以人为主体的设计思想，有效解决了甲壳虫型汽车横向风不稳的问题，大大提高了汽车的操纵稳定性和乘坐舒适性。因此，三厢型车身受到了广泛的欢迎，直到现在还盛行不衰，已成为世界上数量最多的一种车型。

图3-7　福特公司V8汽车　　　　　　　　　图3-8　船型汽车

5 鱼型汽车

船型汽车尾部过分向后伸出，形成阶梯状，在高速时会产生较强的空气涡流。为了克服这一缺陷，人们把船型车的后窗玻璃逐渐倾斜，倾斜的极限即成为斜背式。由于斜背式汽车的背部像鱼的脊背，所以这类车称为"鱼型汽车"（图3-9）。

鱼型汽车和甲壳虫型汽车从背部来看很相近，但仔细观察可以看出鱼型汽车的背部和地平线的角度比较小，尾部较长，围绕车身的气流也比较平顺，涡流阻力也较小；同时鱼型汽车基本上保留了船型汽车的长处，车室宽大，视野开阔，舒适性也好；另外鱼型汽车还增大了行李舱的容积。

图 3-9　鱼型汽车

最初的三款鱼型车是：美国通用公司 1952 年生产的"别克牌"轿车（图 3-10a），1964
年美国的克莱斯勒"顺风牌"轿车（图 3-10b）和 1965 年的福特"野马牌"轿车（图 3-10c），
自"顺风牌"轿车出现以后，世界各国逐渐生产鱼型汽车。

图 3-10　最初的鱼型车

鱼型汽车也存在的缺点：由于鱼型车后窗玻璃倾斜太甚，面积增加两倍，强度下降，产
生结构上的缺陷。鱼型车还有一个潜在的重大缺点就是对横风的不稳定性，容易发生偏
离的危险。为克服这一缺点，人们想了许多方法，例如人们在鱼型车的尾部安上一只上翘
的"鸭尾"，以克服一部分上扬力，这便是"鱼型鸭尾"式车型（图 3-11）。

6 楔型汽车

为了从根本上解决因采用鱼型结构而带来的升力问题，人们进行了反复的探索，最后
终于找到了楔型造型（图 3-12）。也就是让车身前部呈尖形且向前下方倾斜，车身后部像
刀切一样平直，这种造型可以有效地克服升力问题。1963 年司蒂倍克·阿本提第一次设
计了楔型轿车。

图 3-11　鸭尾

图 3-12　楔型汽车

楔型对高速汽车来说，已接近理想造型。这种造型不仅继承了鱼型车的优点，而且克
服了鱼型车的升力问题，使汽车的行驶稳定性有了显著的提高，当之无愧成为目前高速汽
车最为理想的车身造型。现在世界各大汽车公司都已生产出带有楔型效果的汽车，这些
汽车的外形清爽利落、简洁大方，极富现代气息，给人以美的享受。

7 概念车车身

概念车是汽车中内容最丰富、最深刻、最前卫、最能代表世界汽车科技发展和设计水
平的汽车，一般只制作一辆或几辆，不予销售。它不仅是向人们展示设计人员新颖、独特、
超前的构思，也是世界各大汽车公司借以展示其科技实力和设计观念的最重要的方式。

因此,世界各大汽车公司每年都花大量的人力、物力推出自己的概念车。

图3-13 实用化概念车:荣威 E1 纯电动概念车

概念车一般有三种类型:一是接近于实用化的概念车(图3-13),它比较接近于批量生产,其先进技术已步入试验并逐步走向实用化,一般在 5 年左右可成为公司投产的新产品;二是未来型汽车的概念车(图3-14),这是近年来时常出现的一种新型概念车,如水陆两用汽车概念车、仿生概念车等;三是高度艺术化创意的概念车(图3-15),它是汽车设计大师超常想象力的作品,把概念车的造型推到了神话般的梦境。

a)   b)   c)   d)

图3-14 未来型概念车

a)可以飞的汽车;b)Audi 鲨鱼未来概念车;c)水陆两用敞篷概念车;d)沃尔沃 Dakar Rally 太阳能概念车

a)   b)   c)   d)

图3-15 艺术化创意的概念车

a)奔驰概念车;b)标致 Shoo 概念车;c)Eve 概念车;d)海神涅柔斯概念车

练一练,做一做:

(1)通过参观车展、汽车 4s 店,欣赏汽车外形。

(2)查阅资料,了解各种典型车型及新型概念车。

单元二 汽车的色彩

色彩是人们所探索的亘古不变的主题,它不仅是汽车外表包装和品牌识别的标志,更包含着消费心理、文化背景、个性风格等诸多因素。从千篇一律的黑白灰绿到现在的色彩缤纷,汽车色彩的丰富程度已经达到了一个空前繁荣的程度。在汽车外形日益趋同的今天,汽车色彩已成为消费者购车时的重要参考内容。

一 色彩分类及基本特性

色彩是通过眼、脑和我们的生活经验所产生的一种对光的视觉效应。公元 1666 年,英国物理学家牛顿第一次用棱镜将太阳光分解为红、橙、黄、绿、青、蓝、紫,揭开了色彩的奥秘。

1 色彩的属性

1) 色彩的自然属性

色彩的自然属性有色相、纯度、明度(图 3-16)。色相是指能够比较确切地表示某种颜色色别的名称,如玫瑰红、橘黄等。纯度是指色彩的纯净程度,也称彩度、饱和度,它表示颜色中所含有色成分的比例。明度是指色彩的明亮程度,愈接近白色,明度愈高;愈接近黑色,明度愈低。

图 3-16　不同的色相、明度和纯度

备注:中间纯度最高,两边纯度递减;明度由右至左递增。

2) 色彩的社会属性

(1)冷暖感,红色具有暖感,青色有冷感。

(2)涨缩感,黑色等深色具有收缩感,白色等浅色具有膨胀感。

(3)轻重感和软硬感,明度高的色彩感觉轻,明度低的色彩感觉重;感觉轻的软,感觉重的硬。

(4)华丽和质朴感,鲜明的明色具有华丽感,浑浊的暗色具有质朴感。

(5)兴奋和沉静感,暖色系中明快而鲜明的色彩能引起兴奋感,冷色系中暗淡而浑浊的色彩能够产生沉静感。

(6)明快和阴郁感,明快鲜明的色彩给人明快感,暗淡浑浊的色彩给人阴郁感。

2 色彩的种类

(1)无彩色系:指白色、黑色和由白色、黑色调和形成的各种深浅不同的灰色,也称为黑白系列。无彩色只有一种基本属性——明度,不具备色相和纯度的性质。

(2)有彩色系(简称彩色系):指红、橙、黄、绿、青、蓝、紫等颜色。不同明度和纯度的红、橙、黄、绿、青、蓝、紫色调都属于有彩色系。有彩色具有色相、纯度和明度三个属性。

二　汽车色彩的含义

汽车车身色彩,不论是对使用者还是对外界,或者对车辆的视觉感以及对人类的心理感觉,都是非常重要的。汽车车身颜色有多种,各种颜色各有特色。汽车色彩的含义见表 3-1。

汽车色彩的含义 表 3-1

颜 色	图 示	含 义 特 性
银灰色	银灰色奥迪 A4	银灰色汽车整体感很强,是最能反映汽车本质的颜色。看见了银灰色就会想起金属材料。美国杜邦公司的调查结果显示,银灰色汽车最具人气,也最具运动感
白色	白色凯美瑞	白色给人明快、活泼、大方的感觉,是膨胀色,容易使小车显大。白色是中间色,容易与外界环境相吻合而协调,白色车身较耐脏。另外,白色车相对中性,对性别要求不高
黑色	黑色红旗 H7 中大型轿车	黑色给人庄重、尊贵、严肃的感觉。黑色是一种矛盾的颜色,既代表保守和自尊,又代表新潮和性感。黑色也是中间色,容易与外界环境相吻合,但黑色车身反而不耐脏,有一点灰尘就能看出来。黑色一直是公务车最受青睐的颜色,高档车选用黑色显得气派十足,低档车最好不要选用黑色
红色	红色法拉利跑车	红色包括大红、枣红,给人以跳跃、兴奋、欢乐的感觉。红色也是膨胀色,同样可使小车显大。红色是别致又理想的颜色,跑车或运动型车非常适合
蓝色	蓝色高尔夫	蓝色是安静的色调,给人的感觉非常收敛,个性不张扬,就如同我们星球的深邃和大海的包容,但蓝色不耐脏

续上表

颜 色	图 示	含义特性
黄色	 黄色福克斯	黄色给人欢快、温暖、活泼的感觉,也是膨胀色,在环境视野中很显眼。出租车和工程抢险车用黄色,一是便于管理,二是便于人们早早地发现,并可与其他汽车相区别。跑车和小型车选用黄色也非常适合。香槟色是黄色派生出来的金属漆颜色,现在也很流行
绿色	 绿色雷克萨斯	绿色是大自然中森林的色彩,也是春天的色彩。这是一种浅淡且颜色鲜艳的色彩,有较好的可视性。绿色的金属漆也一改以前冰冷的色调,以温暖的面貌出现

三 汽车色彩与安全

汽车行车安全性不仅受车况、驾驶员等因素的影响,还受到车身颜色的视认性影响。有些颜色在汽车遭遇紧急危险时,会起到加剧肇事的副作用;相反,有一些颜色却能从某种程度上减弱或遏制车祸的发生。

视认性是指人眼能够看到物体距离的远近。如果汽车颜色的亮度大于背景的亮度,则其视认性好,使人们在较远的距离就可发现该汽车。如红、黄等高亮度色彩的车辆,在低亮度的黑色沥青路面上视认性就很好。视认性与色彩的胀缩性、进退性以及明视度等因素有关。

色彩具有进退性,即所谓的前进色和后退色。一般讲,暖色为前进色,冷色为后退色。例如,有红色、黄色、蓝色、黑色共4部轿车与你保持相同的距离,你就会觉得红色车和黄色车离自己近,是前进色;而蓝色和黑色的轿车则看上去较远,是后退色。

受背景与目标亮度影响的可见性叫明视度。在黑色的背景前,黄色(图3-17)和白色(图3-18)更容易引起人们的注意,尤其是在傍晚、雾天和下雨时更醒目,所以汽车颜色以黄色和白色较为安全。

图 3-17 黑暗里的黄色车

图 3-18 黑暗里的白色车

那么究竟开什么颜色的车上路最安全呢?一项研究表明,黑色汽车是最容易发生事故的(图3-19)。在白天,黑色汽车发生事故的概率比白色汽车高12%,而在傍晚和凌晨,这一数字高达47%。灰色和银色汽车的危险性仅次于黑色汽车,然后是红色、蓝色和绿色汽车,再次是黄色汽车,而白色汽车最安全。不过,如果进行合理的搭配,也可提高某些暗色的视觉效果,如蓝色或者绿色和白色相配就比较醒目,被不少国家用于警车上,这也是多色搭配车身显得比较时尚的原因。

a)

b)

图3-19 黑色车事故率最高

a)白天;b)晚上

汽车内饰的颜色也同样影响着行车安全。驾驶室内不应装饰使人感到沉闷忧郁的暗灰颜色,也不应装饰使人亢奋烦躁的强刺激颜色。内饰应采用明快的配色,能给人以宽敞、舒适的感觉。利用不同颜色的座椅布套调节车内颜色,夏天最好采用冷色(图3-20),冬天最好采用暖色(图3-21),可以调节冷暖感觉;红色内饰容易引起视觉疲劳;浅绿色内饰可放松视觉神经。

图3-20 冷色内饰

图3-21 暖色内饰

驾驶室内的面板颜色如涂刷的过于醒目,由于路面与面板颜色形成较大的反差,会使驾驶员在观察路况时,分散对路况的注意力,还容易造成过早的视觉疲劳,影响行车的安全。

四 汽车色彩的命名

汽车色彩的名称起得都很悦耳,常用的命名方法有:

(1)以自然界的色彩命名,如天蓝、湖蓝、落日黄等;

(2)以植物的色彩命名,如苹果绿、橙黄、枣红等;

(3)以动物的色彩命名,如驼黄、孔雀蓝、象牙白等;

(4)以金属、矿物质的色彩命名,金黄、宝石蓝、银灰等;

(5)以国家、地区命名,中国红、印度红等;

(6)以色彩的浓度、明暗命名,如淡黄、浅绿、深黄、明绿、暗绿等。

图 3-22 为德国大众打造的经典款"新甲壳虫"。车身颜色设计出落日橘、炫目银、太空绿、阿拉斯加绿、急速蓝、皇家海军蓝、魔力蓝等近 20 种颜色,体现了引领时尚潮流的文化理念。

图 3-22　五彩缤纷的"新甲壳虫"

五　汽车的流行色彩

流行色彩是指在一定的时期内被人们广泛采用的颜色。汽车流行色具有周期性、区域性和层次性,有其自身的发展规律。新鲜感是流行色彩的原动力。如果总是感受同样的色彩,人们就需要新的刺激。

汽车的流行色彩不但会因时而异、因地而异,而且也会因车而异、因人而异。同时,由于越来越多的金属和化学物质被用于汽车涂料,每年大约有 600 种新的汽车颜料被开发出来,汽车流行颜色排行如图 3-23 所示。展望未来,汽车色彩无疑将向更加丰富多彩和更加赏心悦目的方向发展。

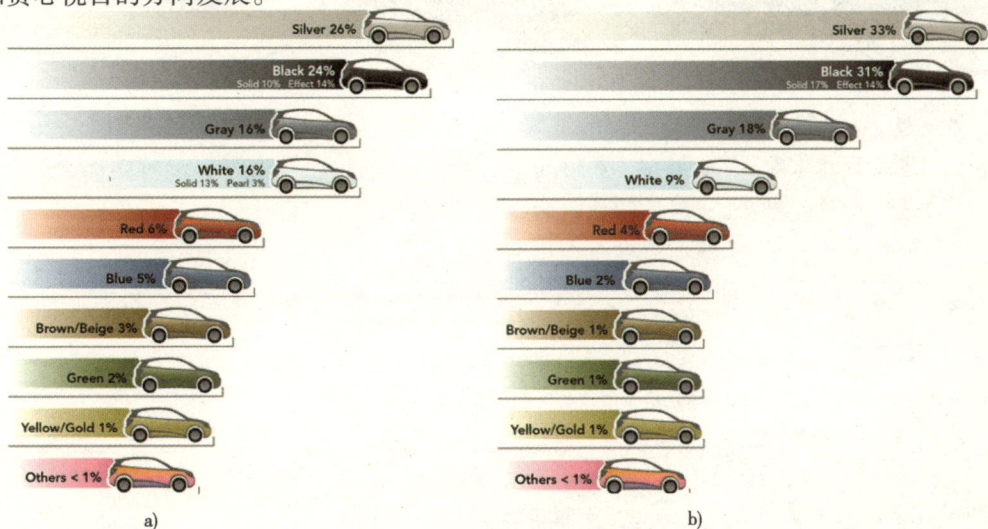

图 3-23　汽车流行颜色排行榜

a)2010 世界汽车流行颜色排行榜;b)2010 中国汽车流行颜色排行榜

六　汽车颜色的应用

轿车大多数是单色的,但级别不同,其色彩是有差别的。高级轿车应该采用较稳重的色彩(明度较低),例如黑色、深蓝色、深灰色,中级及小排量轿车则可采用较活泼的浅色(明度较高),如淡蓝、淡绿、淡黄、灰白色等。如在浅色车身上采用面积较小的饱和色彩会产生活跃的效果,在深色车身上采用镀金或镀铬的装饰件往往会有华美的感觉。

客车由于表面形状比较简单,大平面较多,因而更注意比例划分,采用双色最好。货车和越野汽车,因为用途较广,不宜采用太浅的色彩,在装饰上也力求简洁朴素。但是,利用车身覆盖件的分块和装配等工艺特点,也有可能采用双色。

想一想:

下面的汽车(图3-24～图3-28)为什么会采用这些颜色?

图3-24　消防车采用红色

图3-25　救护车采用白色

图3-26　邮政车采用绿色

图3-27　军用车采用深绿色

图3-28　工程车采用黄色

练一练,做一做:

(1)通过参观车展、汽车4s店,查阅汽车图片等方式,增强对汽车色彩的感性认识。

(2)通过查询资料,进一步了解色彩的安全性问题。

(3)调查身边的人,了解人们对汽车色彩的爱好。

思考与练习

一、填空题

1.确定汽车外形的主要因素有:_____、人体工程学和_____。

2.汽车外形的演变:马车型汽车、_____、流线型(甲壳虫)汽车、_____、鱼型汽车、_____等几个阶段。

3.对于目前考虑到的高速汽车,已接近于理想的造型是_____。

4.色彩具有进退性,即所谓的前进色和后退色。一般讲,暖色为_____,冷色为_____。

5.一般来讲,____色汽车是最容易发生事故的,而____色汽车是最安全的。

6.汽车流行色具有_____、区域性和_____,有其自身的发展规律,新鲜感是流行色彩的原动力。

二、简答题

1.箱型汽车的优缺点各是什么?

2.楔型汽车相对鱼型汽车做了哪方面的改善?

3.简述20世纪50年代以来汽车色彩发展的特点。

项目四　著名汽车公司及其商标

项目描述

　　汽车公司的创建、发展和变迁记录了世界汽车工业的成长历史。从汽车诞生至今的一百多年中，汽车工业以它特有的发展速度，最终成为"改变世界的机器"，形成了以欧、美、日、韩为主体的几大车系。汽车公司的商标是公司的象征，包含两部分——文字标志和图案标志，它们构成了汽车文化功能性和精神性的内涵，是汽车公司生存和发展的缩影，同时也是一种知识产权和无形的财富。

学习目标

　　1. 了解各著名汽车公司及其商标；
　　2. 熟悉中国的著名汽车公司及其商标。

建议课时

　　6 课时。

单元一　美国著名汽车公司及其商标

一　福特汽车公司及其商标

　　福特汽车公司是世界最大的汽车企业之一。由亨利·福特与 11 位投资合伙人于 1903 年 6 月 16 日创立，总部设在美国底特律。1908 年福特汽车公司生产出世界上第一辆属于普通百姓的汽车——T 型车，世界汽车工业革命就此开始。1913 年，福特汽车公司又开发出了世界上第一条流水线，这一创举使 T 型车一共销售达 1500 万辆，缔造了一个至今仍未被打破的世界记录。2009 年 7 月，由于主要竞争对手——通用汽车公司破产重组，福特汽车公司成为全美国最大的汽车制造商。

　　福特汽车公司旗下曾拥有八大汽车品牌（图 4-1）。如今，阿斯顿·马丁、捷豹、路虎已经出售；并且卖掉了马自达 20% 的股份；2010 年 8 月 2 日，中国汽车企业浙江吉利控股集团有限公司完成了对福特汽车公司旗下沃尔沃轿车公司的全部股权收购。

1 福特商标

　　"福特"品牌采用公司创始人亨利·福特的英文"Ford"字样命名（图 4-2）。亨利·福特喜欢小动物，所以标志设计者把福特的英文画成形似奔跑、充满活力的、可爱而温顺的小白兔形象，象征福特汽车奔驰在世界各地，令人爱不释手。

2 林肯

　　林肯是福特汽车公司拥有的第二个品牌，由亨利·利兰先生于 1907 年创立，并以美国

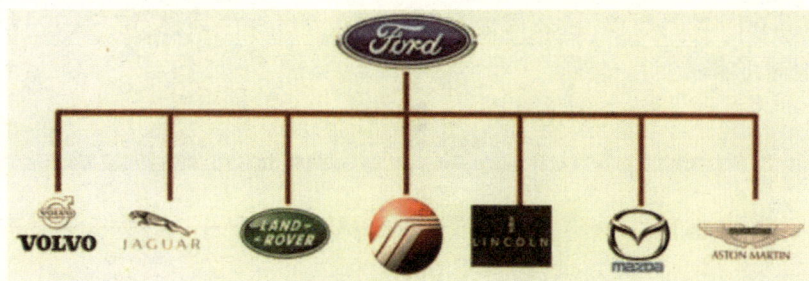

图4-1　福特曾经拥有的八大汽车品牌

第16任总统的名字阿伯拉罕·林肯命名,显示了其顶级豪华轿车地位。1922年2月4日福特汽车公司收购了林肯公司,成为福特汽车林肯分部,并由此进入豪华车市场,享有美国总统车的美誉。林肯商标(图4-3)是在一个矩形中含有一颗闪闪发光的星辰,表示林肯总统是美国联邦统一和废除奴隶制的启明星,也喻示着福特·林肯牌轿车具有光辉灿烂的明天。

3 水星

水星品牌是福特汽车公司自创品牌,用于填补林肯牌豪华车与福特牌经济型车之间的空当,主要产品有美洲狮、大公爵等。福特水星车系是用太阳系中的水星作为汽车的图形商标(图4-4),其商标是在一个圆中有三个行星运行轨迹,很容易让人联想到福特汽车具有太空科技和超时空的创造力,象征公司值得信赖、高雅、重技术和高速。

图4-2　福特商标　　　　　图4-3　林肯商标　　　　　图4-4　水星商标

二 通用汽车公司及其商标

通用汽车公司(GM)成立于1908年9月16日,它是威廉·杜兰特在别克汽车公司的基础上发展起来的,总部设在美国密歇根州的汽车之城底特律(图4-5)。其标志GM取自其英文名称(General Motors Corporation)前两个单词的第一个字母。通用汽车公司生产的汽车,是美国汽车豪华、宽大、内部舒适、速度快和储备功率大等特点的经典代表。除生产销售汽车外,通用公司还涉足航空航天、电子通信、工业自动化和金融等领域。

通用汽车公司已经经历了100多年的发展和创新。从1927年以来一直是全世界最大的汽车公司之一,下属的分部达20多个,迄今在全球35个国家和地区开展了汽车制造业务。其旗下曾拥有十多个汽车品牌(图4-6),曾与菲亚特、五十铃、富士重工汽车公司结成合作伙伴关系。2009年6月1日,受金融危机的影响,通用汽车申请破产保护。2009年7月10日成立新通用汽车有限公司,结束破产保护。目前由美国联邦政府

图4-5　通用汽车总部

注资而持有其 60.8% 的股权,新公司标志保持不变,只保留"雪佛兰"、"凯迪拉克"、"别克"和"GMC"4 个核心汽车品牌。

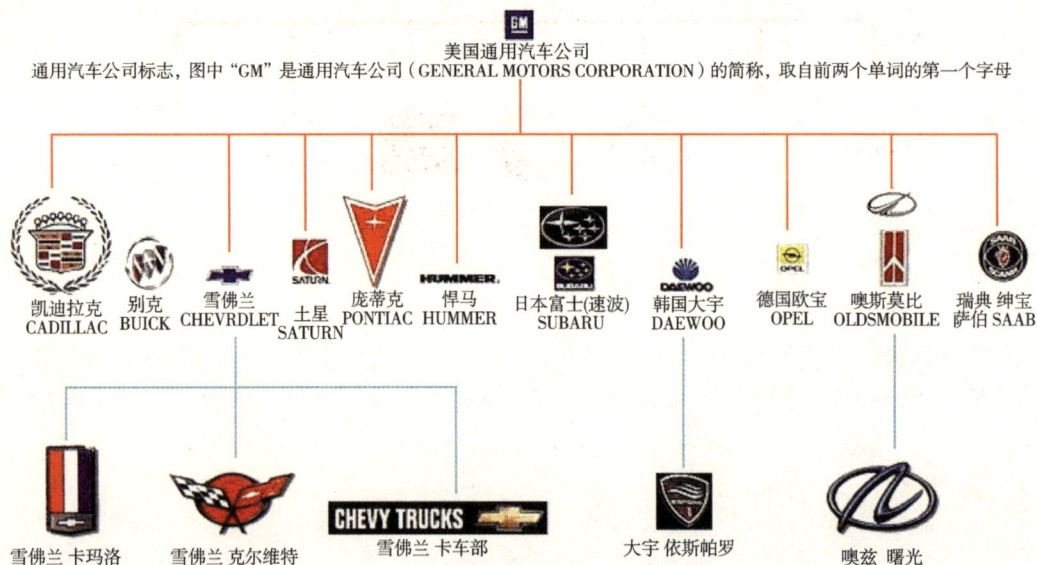

美国通用汽车公司

通用汽车公司标志,图中"GM"是通用汽车公司(GENERAL MOTORS CORPORATION)的简称,取自前两个单词的第一个字母

凯迪拉克 CADILLAC · 别克 BUICK · 雪佛兰 CHEVRDLET · 土星 SATURN · 庞蒂克 PONTIAC · 悍马 HUMMER · 日本富士(速波) SUBARU · 韩国大宇 DAEWOO · 德国欧宝 OPEL · 噢斯莫比 OLDSMOBILE · 瑞典 绅宝 萨伯 SAAB

雪佛兰 卡玛洛 · 雪佛兰 克尔维特 · 雪佛兰 卡车部 · 大宇 依斯帕罗 · 噢兹 曙光

图 4-6 通用汽车公司曾拥有的品牌

1 凯迪拉克商标

凯迪拉克汽车分部的前身是凯迪拉克公司,由亨利·利兰于 1902 年创建,1909 年该公司加入通用汽车公司。凯迪拉克汽车公司以专门生产高级轿车而闻名世界,公司选用"凯迪拉克"是为了向皇家贵族、探险家、美国底特律城的创始人安东尼·门斯·凯迪拉克表示敬意。凯迪拉克生产的主要车型有:赛威、帝威、科罗等,其中弗里特伍德(图 4-7)被视为至尊。

凯迪拉克车标图案是由"冠"和"盾"组成。21 世纪伊始,通用汽车公司对凯迪拉克旧车标(图 4-8a)进行了一系列创新设计。新车标(图 4-8b)整体以铂金颜色为底色,而花冠则保留了原有的色彩组合,不过 6 个可爱的小鸟飞走了。新标志比喻凯迪拉克汽车的高贵、豪华、气派和潇洒,用凯迪拉克骑士们的英勇善战、攻无不克,比喻凯迪拉克牌汽车具有巨大的市场竞争力。

图 4-7 弗里特伍德

a)   b)

图 4-8 凯迪拉克商标
a)旧商标;b)新商标

2 别克汽车商标

别克汽车公司建于1903年5月19日,创始人大卫·别克,后由威廉·杜兰特于1908年以别克公司为核心,成立了通用汽车公司。别克汽车分部的主要产品有世纪、皇朝、林荫大道等。

"别克"商标经历了很长的演变过程,今天用的"三盾"标志,如图4-9所示,从左到右红、银灰、蓝依次排列在不同高度上,它的排列给人们一种高起点并不断攀登的感觉,表示着一种积极进取,不断攀登的精神,表示别克采用顶级技术、刃刃见锋;也表示别克培养出的人才各个游刃有余,是无坚不摧、勇于登峰的勇士。

练一练,做一做:

查一查别克商标的演变过程。

3 雪佛兰汽车商标

通用汽车公司创始人威廉·杜兰特邀请著名的瑞士赛车手兼工程师路易斯·雪佛兰共同打造一款面向大众的汽车。1911年11月3日,以设计师的名字命名的雪佛兰汽车公司诞生了。1918年5月,雪佛兰汽车公司并入通用汽车公司。雪佛兰曾经创下了每40s销售一部新车的记录,至今销售总量已超过1亿辆,目前在美国销售排行榜上位居第一。

雪佛兰"蝴蝶结"商标(图4-10)是杜兰特设计的,并于1914年首次使用,象征雪佛兰轿车的大方、气派和风度。

图4-9 别克商标

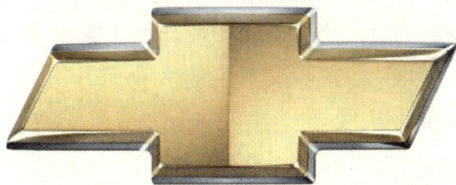

图4-10 雪佛兰商标

三 克莱斯勒汽车公司及其商标

克莱斯勒汽车公司是美国三大汽车公司之一,由沃尔特·克莱斯勒在麦克斯韦尔汽车公司的基础上,于1925年6月6日创立的。公司总部设在密歇根州海兰德帕克。

1928年7月31日,克莱斯勒公司收购了道奇兄弟汽车公司。1936—1949年,曾一度超过福特汽车公司,成为美国第二大汽车公司。1998年5月7日,克莱斯勒汽车公司与德国的戴姆勒-奔驰汽车公司结盟,成立了戴姆勒-克莱斯勒汽车公司。这成为历年来汽车制造业最大的一起合并,戴姆勒-克莱斯勒公司成为全美第二大汽车生产商、世界第五大汽车公司。但由于戴姆勒-奔驰和克莱斯勒在产品方面缺乏互补性、双方技术共享程度较低、财务经营及企业文化无法融合,2007年10月4日,戴姆勒-克莱斯勒完成拆分程序,正式更名为戴姆勒股份公司,德国和美国两大汽车公司的合并正式宣告破裂。2009年4月30日,戴姆勒公司申请破产保护,6月与意大利菲亚特公司结成全球战略联盟,成立了新的克莱斯勒集团,新克莱斯勒公司计划使用菲亚特技术,制造更小型,更节能的汽车。

克莱斯勒汽车公司的标志像一枚五角星勋章(图4-11a),它体现了克莱斯勒家族和公司员工们的远大理想和抱负,以及永无止境的追求和在竞争中获胜的奋斗精神。五角星的5个部分分别表示为五大洲(亚、非、欧、美、澳)。公司成立初期以及与戴姆勒-奔驰合并期间,使用带有飞翼的克莱斯勒品牌标志(图4-11b)。图案中雄鹰展翅表现出鹰的风格、气质、勇敢等,象征着公司开拓进取、不断腾飞,走向辉煌的形象,标志着汽车工程与汽车设计从此进入了一个崭新的时代。后又重新启用五角星勋章。

a)　　　　　　　　　　　　b)

图4-11　克莱斯勒商标

单元二　德国著名汽车公司及其商标

一　大众汽车公司及其商标

大众汽车公司是欧洲最大的汽车制造公司,也是世界四大汽车生产商之一。公司创建于1938年德国的沃尔夫斯堡,创始人是世界著名的汽车设计大师费迪南德·保时捷。

大众集团包括在德国本土的大众汽车公司和奥迪公司以及设在美国、墨西哥、巴西、阿根廷、南非等7个子公司。由于大众车型满足不了美国人对大空间的需要,导致销路不畅,因此,大众集团撤销了在美国的子公司,连设备一并卖给中国第一汽车制造厂。使大众公司扬名的产品是"甲壳虫"轿车(由保时捷设计),该车在80年代初就已生产了2000万辆,紧随其后的POLO、高尔夫、奥迪、帕萨特、桑塔纳等也畅销全世界。2009年5月7日,在经过长达4年之久的收购大战之后,保时捷和大众两家公司合二为一,打造出一家拥有10大品牌,欧洲第一、世界前三的汽车企业。

目前,大众集团包括大众和奥迪两大品牌群。大众品牌群包括大众、斯柯达(škoda)、宾利(Bentley)和布加迪(Bugatti)、保时捷等品牌。奥迪品牌群包括奥迪、SEAT(西亚特)和兰博基尼(Lamborghini)等品牌。各个品牌均有其自己的标识,自主经营,产品从非常经济的紧凑车型到豪华型小轿车应有尽有。

1 大众汽车商标

大众公司的商标是由两个德文单词"Volks Wagenwerk"首字母"V"和"W"组合而成(图4-12),意为大众使用的汽车,图案简洁、大方、明了,图形又酷似三个"V"字,"V"字英文是"Victory",表示大众公司及其产品"必胜—必胜—必胜"。

2 奥迪汽车商标

奥迪公司是由奥古斯特·霍希于1910年建立,现为大众汽车公司的子公司,总部设在德国的英格尔斯塔特,年产轿车45万辆左右,主要产品有A3、A4、A5、A6、A8以及S系列和TT系列等。

公司商标(图 4-13)由 4 个半径相等紧扣着的圆环组成,四圆环表示公司当初由奥迪、霍希、旺达尔、蒸汽动力车辆厂四家公司合并而成,半径相等的四个紧扣连环,象征公司成员平等、互利、协作的亲密关系和奋发向上的敬业精神。

图 4-12 大众汽车商标图	图 4-13 奥迪商标

二 戴姆勒-奔驰汽车公司及其商标

戴姆勒-奔驰汽车公司前身是戴姆勒汽车公司和奔驰汽车公司,创始人是戈特利布·戴姆勒和卡尔·本茨。1926 年 6 月 28 日,两个公司合并,成立了戴姆勒-奔驰汽车公司,公司总部设于斯图加特,年产汽车 100 万辆左右,旗下拥有梅赛德斯-奔驰(Meredes-Benz)、迈巴赫(Maybach)和精灵(Smart)三个汽车品牌。

1986 年,梅赛德斯-奔驰中国有限公司成立。1998 年,戴姆勒-奔驰汽车公司与美国克莱斯勒公司合并为全球化运营的戴姆勒-克莱斯勒公司。2007 年,戴姆勒-克莱斯勒公司将旗下克莱斯勒公司 80.1% 的股权出售给美国瑟伯勒斯资本管理公司,之后更名为戴姆勒公司。

现在的奔驰汽车商标是戴姆勒的星形标志(图 4-14a)和奔驰的麦穗(图 4-14b)合二为一的产物(图 4-14c)。奔驰商标是简化了转向盘形式的一个环形圆围着三叉星,并以月桂枝包围着的"MERCEDES"和"BENZ"的圆盘为底座(图 4-14d),后将月桂枝改成圆环,并去掉了"Mercedes-Benz"的字样(图 4-14e)。三叉星表示在海陆空领域全方位的机动性,环形圆表示营销全球的发展势头。

图 4-14 梅赛德斯-奔驰商标的演变

三 宝马汽车公司及其商标

1916 年,卡尔·弗拉普和马克斯·弗里茨在德国慕尼黑建立了巴依尔发动机公司,1918 年更名为宝马汽车公司(图 4-15)。其著名汽车品牌有宝马、劳斯莱斯和迷你三个系列。宝马汽车公司以汽车的高质量、高性能和高技术为追求目标,宝马汽车产量不高,但其在世界汽车界和用户中享有与奔驰汽车几乎同等的声誉。

宝马商标是在双圆环的上方标有"BMW"字样(图 4-16),这是宝马汽车公司全称

（Bayerische Motoren Wer）的缩写。中间的蓝、白相间图案，代表蓝天、白云和旋转不停的螺旋桨，喻示宝马公司渊远悠久的历史，象征该公司过去在航空发动机技术方面的领先地位，又象征该公司一贯宗旨和目标：在广阔的时空中，以先进的精湛技术和观念，满足顾客的最大愿望。它反映了公司蓬勃向上的气势和日新月异的面貌。

图4-15　宝马汽车公司总部

图4-16　宝马商标

四　欧宝汽车公司及其商标

　　1862年，亚当·欧宝在吕塞尔海姆创建了欧宝公司，公司最初生产缝纫机和自行车。1899年，老欧宝的两个儿子弗里茨和威廉开始了汽车和摩托车制造，并以父亲的名字"亚当·欧宝"命名工厂。1929年，欧宝家族将公司80%的股份卖给美国通用汽车公司。从此，欧宝汽车公司成为美国通用汽车公司在德国的子公司。目前欧宝的主要生产车型有欧美佳、威达、雅特（图4-17）和可赛等。

　　欧宝汽车商标是由图案和文字两部分组成（图4-18）。图案是代表公司的技术进步和发展，又像闪电一样划破长空，震撼世界，喻示汽车如风驰电掣，同时也显示它在空气动力学方面的研究成就。

图4-17　欧宝雅特

图4-18　欧宝汽车商标

单元三　日本著名汽车公司及其商标

一　丰田汽车公司及其商标

　　丰田汽车公司（TOYOTA），是世界十大汽车公司之一，也是日本最大的汽车公司。是由丰田喜一郎于1933年创立,总部设在日本爱知县丰田市和东京都文京区,隶属于日本三井财阀。现在已发展成为以汽车生产为主,业务涉及机械、电子、金融等行业的庞大工业集团。

丰田公司早期以制造纺织机械为主。第二次世界大战之后,丰田汽车公司通过引进欧美技术,很快掌握了先进的汽车生产技术和管理经验,创造了著名的丰田生产管理模式,并不断加以完善,大大提高了生产效率。丰田汽车公司有很强的技术开发能力,十分注重研究顾客对汽车的需求,以快速的产品换型击败美欧竞争对手。2008年,丰田汽车公司逐渐取代通用汽车公司而成为全世界排行第一位的汽车生产厂商。其旗下品牌主要包括丰田、雷克萨斯等系列高中低端车型等。

1 丰田汽车商标

丰田汽车以创始人姓氏作为公司的品牌,其三个椭圆的标志(图4-19)发表于1989年10月。标志中的大椭圆代表地球,中间由两个椭圆垂直组合成一个T字,代表丰田公司。

它象征丰田公司立足于未来,对未来的信心和雄心,还象征着丰田公司立足于顾客,对顾客的保证,用户的心和汽车厂家的心是连在一起的,具有相互信赖感,同时喻示着丰田的高超技术和革新潜力。

2 雷克萨斯商标

雷克萨斯(Lexus)是日本丰田汽车公司旗下的豪华车品牌,它于1983年被首次提出,自1999年起,在美国的销量已超过奔驰、宝马,成为全美豪华车销量最大的品牌。2004年6月8日,丰田公司在北京宣布将Lexus的中文译名由"凌志"改为"雷克萨斯",并开始在中国建立特许经销店,开始全面进军中国豪华车市场。

雷克萨斯汽车商标(图4-20)采用车名"Lexus"字母"L"的大写,"L"的外面用一个椭圆包围着的图案,椭圆代表着地球,表示雷克萨斯轿车遍布全世界。

图4-19 丰田汽车商标   图4-20 雷克萨斯商标

二 日产汽车公司及其商标

日产汽车公司是日本的第二大汽车制造商,也是世界十大汽车公司之一。1914年,田建治郎等人创建了"快进社",于1934年改为日产汽车公司。2009年8月,日产汽车公司总部由原来的东京迁回公司创始地日本横滨市。

日产汽车公司承诺设计和制造满足客户需要的汽车,积极致力于解决汽车在社会中从交通安全到环境保护的有关问题。1999年3月,连续7年亏损的日产汽车公司与法国第二大汽车公司——雷诺汽车公司签订了全面联盟协定。2002年以来,日产公司通过提升技术研发能力、加强产品开发、造型设计以及成本管理,提出和实施"180计划"、"价值增值"等计划,实现了利润的高涨和全球市场占有率持续上升。2010年4月7日,法国雷诺、日本日产和德国戴姆勒这三家汽车业巨头在布鲁塞尔签署协议结成同盟,进一步开拓了国际市场。目前,日产-雷诺集团公司的全球占有率已升至 9.1%,成为名副其实的国际汽车业巨头。

1 日产汽车商标

日产汽车公司标志如图 4-21 所示,圆表示太阳,中间的字是"日产"两字的日语拼音形式,即日本产业的简称,整个图案的意思是"以人和汽车的明天为目标"。

2 英菲尼迪商标

1989 年 11 月 8 日,日产汽车公司的豪华品牌英菲尼迪(Infiniti)在北美首次面世,与雷克萨斯、宝马、奔驰在北美市场分庭抗礼。几年之内,凭借独特前卫的设计、出色的产品性能和贴心的客户服务,英菲尼迪迅速成为北美豪华车市场最重要的品牌之一。到 2005 年,英菲尼迪在美国的累计销量已经超过了 100 万辆。

英菲尼迪商标如图 4-22 所示,椭圆曲线代表无限扩张之意,也象征"全世界";两条直线代表通往巅峰的道路,象征无尽的发展。整体标志象征着英菲尼迪人的一种永无止境的追求,那就是创造有全球竞争力的真正的豪华车用户体验和最高的客户满意度。

图 4-21 日产汽车商标

图 4-22 英菲尼迪汽车商标

三 本田汽车公司及其商标

本田(Honda)汽车公司全称为"本田技研工业股份有限公司",是世界上最大的摩托车生产厂家,汽车产量和规模也名列世界十大汽车厂家之列。1948 年 9 月,由本田宗一郎创建,公司总部在东京(图 4-23)。现在,本田公司已是一个跨国汽车、摩托车生产销售集团。它的产品除汽车摩托车外,还有发电机、农机等动力机械产品。

创业之初,本田一直本着"让世界各地顾客满意"的理念不断开拓自己的事业,在技术开发和研究上,舍得花大本钱,科技成果颇丰,素有日本汽车技术发展的排头兵之称。同时本田汽车也是日本第一个达到美国标准的汽车公司。本田公司车队也是赛场上实力强劲的运动队。无论在汽车赛场还是摩托车赛场,本田车队每年都要拿几个世界冠军。

图 4-23 本田汽车公司总部

1 本田汽车商标

"H"是本田汽车和本田摩托车的图形商标,是日文拼音"HONDA"的第一个大写字母。形似三弦音箱的"H"(图 4-24)商标,把技术创新、团结向上、经营有力、紧张感和轻松感体现得淋漓尽致。

2 讴歌汽车商标

讴歌（Acura）汽车创立于 1986 年，是 Honda 为了进入北美高级轿车市场而创立的全新 Acura 品牌，并以独立的第二销售网络展开销售。目前 Acura 品牌已成为北美市场销售状况最好的高档品牌之一。

讴歌源于拉丁语中的"acu"，意味着"精确"。讴歌商标是以一把专门用于精确测量的卡钳为标志的原型，后在卡钳的钳把之间加了一个很小的横杠（图 4-25），既保持了卡钳的形象，又是讴歌（Acura）的第一个大写字母 A，寓意为代表最高造车水平的讴歌这一品牌的核心价值：精确、精密、精致。

图 4-24　本田汽车商标　　　　　　　　　图 4-25　讴歌汽车商标

四　马自达汽车公司及其商标

马自达汽车公司创立于 1920 年，创始人是松田重次郎。该公司原名东洋软木工业公司，1984 年公司以创始人松田的姓氏命名，翻译时则采用"松田"的音译"马自达"。

1931 年马自达公司以生产三轮载重汽车为起点，开始涉足汽车制造业。1940 年开始生产小轿车。1967 年和汪克尔公司签订协议，取得转子发动机生产权利，从而开始了马自达公司的迅猛发展期。1993 年马自达和美国福特汽车公司建立新型战略合作关系，自此马自达品牌归属福特集团。2009 年，受金融危机影响，福特公司出售了 20% 的马自达股份。如今，马自达是世界上唯一将转子发动机汽车投入批量生产的汽车制造商，最新 RX-8 跑车（图 4-26）是采用新一代"Renesis"双转子涡轮增压发动机作为动力。

马自达公司与福特公司合作之后，采用如图 4-27 所示的商标，椭圆中展翅飞翔的海鸥，同时又组成"M"字样，预示该公司将展翅高飞，技术不断突破，以无穷的创意和真诚的服务，勇闯车坛顶峰，迈向新世纪。

图 4-26　马自达 RX-8 转子发动机跑车　　　　图 4-27　马自达汽车商标

练一练，做一做：
查一查马自达汽车商标的演变过程。

五　三菱汽车公司及其商标

　　三菱（Mitsubishi）汽车公司的前身是岩崎弥太郎于1870年创建的三菱造船公司，1873年，更名为三菱商会。1917年，生产出日本第一辆A型轿车（图4-28）。1935年，生产出日本第一辆柴油客车扶桑BD46（图4-29）。1970年，三菱重工业公司和美国克莱斯勒公司共同出资，成立了三菱汽车公司，总部设在东京。

图4-28　三菱第一辆A型车　　　　　　　图4-29　三菱第一辆柴油客车扶桑BD46

　　目前，三菱汽车虽然只是三菱企业的一个部门，却是日本拥有最强研发实力的一家车厂，在日本国内有10个生产厂、两个轿车研究中心和一个载货车、客车研究中心，国外有25个生产厂，其旗下拥有格兰特（Galant）、兰瑟（Lancer）、海市蜃楼（Mirage）、米妮卡（Minica）、欧蓝德（Outlander）等轿车品牌，以及帕杰罗（Pajero）等越野车品牌。

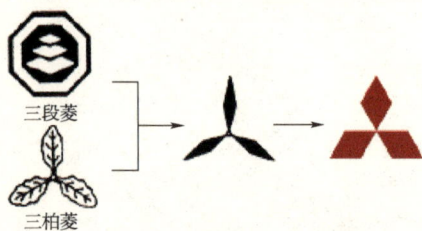

图4-30　三菱汽车商标

　　三菱汽车商标如图4-30所示，"Mitsubishi"一词就是三个菱形的意思，这是三菱公司创始人家族的徽号。从最初的3片树叶演变成今天的3枚菱形钻石，正为突显其蕴含在雅致的单纯性中的深邃灿烂光华——菱钻式的造车艺术。

单元四　法国著名汽车公司及其商标

一　标致-雪铁龙汽车公司及其商标

　　标致汽车公司是世界十大汽车公司之一，是法国最大的汽车集团公司。1896年，标致汽车公司正式成立，创始人是阿尔芒·标致。公司总部在法国巴黎，是世界上汽车品牌中第二个历史最悠久的品牌，并且它是最古老的仍在同一家族手中的一个公司。1976年标致公司吞并了法国历史悠久的雪铁龙公司，成立了PSA标致-雪铁龙集团，成为欧洲的第二大汽车制造集团，在全世界排名第六，是一家以生产汽车为主，兼营机械加工、运输、金融和服务业的跨国工业集团。

1 标致汽车商标

标致汽车的"狮子"商标图案（图4-31）是其创建人标致家族的徽章。这尊小狮子非常别致，它那简洁、明快、刚劲的线条，象征着更为完美、更为成熟的标致汽车。其独特的造型，既突出了力量又强调了节奏，更富有时代气息。

2 雪铁龙汽车商标

雪铁龙汽车公司是法国第三大汽车公司，它创立于1915年，创始人是安德烈·雪铁龙，公司总部设在法国巴黎。雪铁龙是欧洲最早引入大批量、低成本、全装配的生产线，因而在它成立仅仅6年，年产量就突破100万辆。1976年雪铁龙公司加入标致集团，但其经营活动仍然由自己把握。近几年来，雪铁龙公司的产品有雪铁龙系列，还有雪铁龙AX、BX、CX系列，以及雪铁龙TDR系列等。

雪铁龙的车名是以其创始人安德烈·雪铁龙的姓氏命名。由于雪铁龙的前身是雪铁龙齿轮公司，所以商标是以公司前身生产的齿轮为背景，由人字形齿轮轮齿构成（图4-32），象征着人们密切合作、同心协力、步步高升。

图4-31　标致汽车商标

图4-32　雪铁龙汽车商标

二　雷诺汽车公司及其商标

雷诺（Renault）汽车公司是法国第二大汽车公司，创立于1898年，创始人是被誉为"法国汽车工业之父"的路易斯·雷诺（Louis Renault），他也是汽车直接驱动技术的先驱，公司总部设在法国比扬古。

1945年雷诺汽车公司被收归国有，1964年成为当时法国最大的生产企业。从1992年起，雷诺重新成为私营企业。1999年3月，雷诺与日产汽车公司签署了协议，成立雷诺-日产联盟。1999年9月，雷诺公司接收罗马尼亚的达西亚汽车公司。2010年4月，雷诺、日产与戴姆勒合组全球第三大汽车联盟，交叉持股3.1%。

雷诺汽车公司以创始人路易斯·雷诺的姓氏而命名，汽车商标是四个菱形拼成的图案（图4-33），象征雷诺三兄弟与汽车工业融为一体，表示"雷诺"能在无限的（四维）空间中竞争、生存、发展。

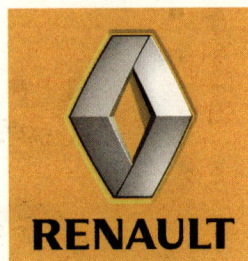

图4-33　雷诺汽车商标

单元五　意大利著名汽车公司及其商标

一　菲亚特汽车公司及其商标

　　菲亚特汽车公司是世界十大汽车公司之一。1899年7月11日,9名意大利企业家和贵族在意大利的都灵市共同投资创建了"意大利都灵汽车制造厂",主创人是乔瓦尼·阿涅利。它是世界上第一个生产微型车的汽车生产厂家。

　　菲亚特集团拥有五大汽车品牌(图4-34),工程车辆公司有伊维柯公司。菲亚特公司的汽车年产量占意大利全国汽车年总产量的90%以上,这在世界汽车工业中是罕见的。因此,菲亚特被称为意大利汽车工业的"寒暑表",菲亚特汽车被喻为"意大利车"。菲亚特轿车的紧凑楔型造型、线条简练、优雅精巧、极富动感、充满活力,处处显现拉丁民族热情、浪漫、机敏、灵活的风格。所以菲亚特轿车造型总是引导世界汽车造型的潮流(图4-35)。

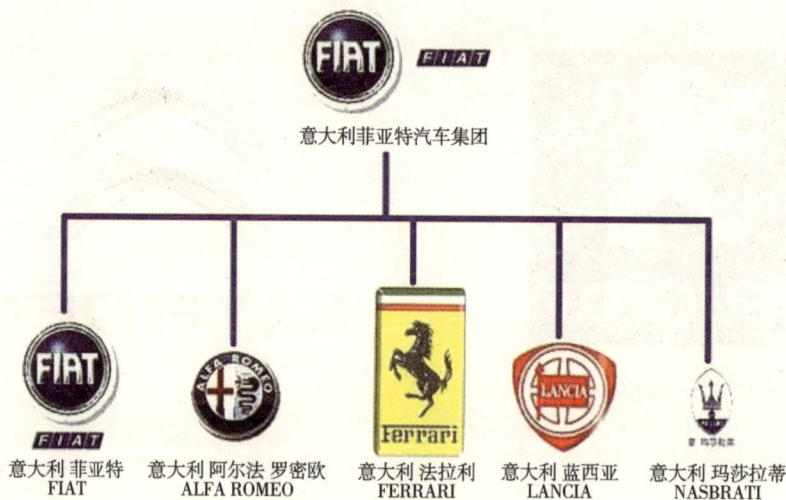

意大利菲亚特汽车集团

| 意大利 菲亚特 FIAT | 意大利 阿尔法 罗密欧 ALFA ROMEO | 意大利 法拉利 FERRARI | 意大利 蓝西亚 LANCIA | 意大利 玛莎拉蒂 NASBRATI |

图4-34　菲亚特集团汽车品牌

　　1906年,菲亚特汽车公司开始采用公司全称(Fabbrica Italiana Automobili Torino)四个单词的第一个大写字母"FIAT"为商标。"FIAT"在英语中具有法令、许可的含义,因此在客户的心目中,菲亚特轿车具有较高的合法性与可靠性,深得用户的信赖。为统一车头上的字体,现在菲亚特汽车车头标志都是矩形商标(图4-36)。

图4-35　菲亚特 Coupe 车型　　　　图4-36　菲亚特汽车商标

二 法拉利汽车公司及其商标

法拉利(Ferrari)是世界上最闻名的赛车和运动跑车的生产厂家,创建于1929年,最早是阿尔法-罗密欧汽车公司的赛车俱乐部,即法拉利车队的前身,创始人是世界赛车冠军、划时代的汽车设计大师恩佐·法拉利。1947年,法拉利正式成立自己的法拉利汽车公司,生产跑车和赛车,公司总部在意大利的摩德纳。1969年,法拉利将公司的跑车部分卖给菲亚特公司,现在菲亚特集团拥有该公司90%股权,但该公司却能独立于菲亚特集团运营。

法拉利公司在世界车坛有崇高的地位,甚至有的汽车评论家说任何跑车都无法和法拉利汽车相比。法拉利跑车和赛车的最大特点是有绝佳的操控性及优异的性能,每辆跑车都装有一部高性能发动机,发动机最高转速可达7000至10000rpm,功率超过500马力,最高车速可超过300km/h。而且法拉利汽车大部分采用手工制造,产量很低,可以说每一辆法拉利汽车都是一件绝妙的艺术品(图4-37)。

法拉利汽车公司的商标是一匹跃起的马。在第一次世界大战中意大利有一位表现非常出色的飞行员。他的飞机上就有这样一匹会给他带来好运气的跃马。在法拉利最初的比赛获胜后,飞行员的父母亲建议:法拉利也应在车上印上这匹带来好运气的跃马。后来这位飞行员战死了,马就变成了黑颜色,并在"跃马"的顶端,加上意大利的国徽为"天",再以"法拉利"横写字体串连成"地",最后以自己故乡蒙达那市的代表颜色——黄色渲染全幅而组合成"天地之间,任我驰骋"的豪迈图腾(图4-38)。

图4-37 法拉利 458 italia

图4-38 法拉利汽车商标

三 兰博基尼汽车公司及其商标

1963年,费鲁吉欧·兰博基尼在意大利圣亚加塔·波隆尼成立兰博基尼汽车公司,开始生产汽车,并于1964年推出了他的第一辆350GT跑车(图4-39)。数次易主后,于1998年归入奥迪旗下,目前为大众集团所持有的品牌之一。

在意大利乃至全世界,兰博基尼出人意料地推出一款又一款让人咋舌的超级跑车,它是举世难得的艺术品,没有多少人可以拥有它,因为它昂贵到不可想像的地步。

图4-39 兰博基尼 350GT

它高高在上，呼吸着天空稀薄的空气，吸引着地上景仰的目光（图4-40）。

兰博基尼汽车公司的商标（图4-41）是一头浑身充满了力气，正准备向对手发动猛烈攻击的犟牛。据说兰博基尼本人就是这种不甘示弱的牛脾气，也体现了兰博基尼公司汽车大功率、高速运动型跑车的特点。

图4-40　兰博基尼全新旗舰车型 Aventador LP700-4

图4-41　兰博基尼汽车商标

四　玛莎拉蒂汽车公司及其商标

玛莎拉蒂汽车公司是其家族四兄弟于1914年在意大利博洛尼亚成立的，并于1926年生产了第一辆以玛莎拉蒂命名的汽车 Tipo26（图4-42）。玛莎拉蒂汽车公司是专门生产运动车的公司，在欧洲具有很高的知名度。几经周折，菲亚特公司于1993年收购了玛莎拉蒂公司，使之成为菲亚特集团的子公司，但品牌得以保留。1997年7月1日，玛莎拉蒂与法拉利车厂合并，3200GT是两厂合并后生产的第一部跑车（图4-43）。该车糅和了两大跑车生产厂的传统与科技，凭借其优异性能与乘坐舒适性的完美结合，在后来的法国巴黎汽车展上引起极大轰动，使玛莎拉蒂重新跨入到世界顶尖GT运动车的行列中来。

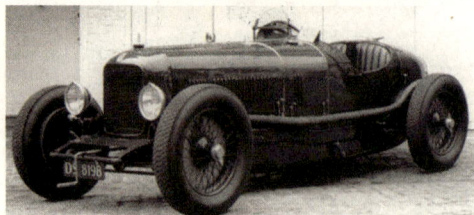

图4-42　玛莎拉蒂 Tipo 26

图4-43　玛莎拉蒂 3200GT

图4-44　玛莎拉蒂汽车商标

这两个经典品牌构成了现今车坛绝无仅有的超级跑车集团。法拉利崇尚双门跑车，以一级方程式最先进的技术为底蕴；玛莎拉蒂虽然和法拉利拥有相同的技术水平，但更讲究舒适，也就是说同时具有轿车和跑车的特点，因此人们只有创立一个新的名词"轿跑车"来称呼它。

玛莎拉蒂汽车商标（图4-44）是在树叶形的底座上放置的一件三叉戟，这是公司所在地意大利博洛尼亚市的市徽，相传于罗马神话中的海神纳普秋手中的武器，显示出海神巨大无比的威力，也表示玛莎拉蒂汽车公司及其汽车，向浩瀚无边的大海咆哮澎湃，隐喻了玛莎拉蒂汽车快速奔跑的潜力。

单元六　英国著名汽车公司及其商标

一　劳斯莱斯汽车公司及其商标

劳斯莱斯汽车公司(Rolls-Royce)于1906年在英国正式宣告成立,创始人为查理·劳斯和亨利·莱斯。1931年,劳斯莱斯公司收购宾利汽车公司。1998年,大众收购了劳斯莱斯汽车公司。从2003年起,劳斯莱斯汽车公司归入宝马集团,大众公司则拥有劳斯莱斯公司的另一个品牌——宾利。

"创造世界上最好的汽车"的追求一直是劳斯莱斯最高的经营宗旨。劳斯莱斯汽车制作精细,材质优良,以其古朴、典雅、庄重的造型而著称,是当今世界最尊贵、最豪华、最气派的轿车,在世界车坛上享有崇高的地位,被喻为帝王之车(图4-45)。

1 劳斯莱斯汽车商标

劳斯莱斯汽车标志的外框为长方形(图4-46),中间分上中下三格,上、下格由两个人的名字 Rolls 和 Royce 组成,中层两个重叠的"R"代表两者真诚、永久的联合,象征着你中有我,我中有你,体现了两人团结奋进、精诚合作、共同创业的精神。纯几何长方形外框给人静穆、苍劲、深厚、庄重、严谨的感觉,表示劳斯莱斯最先进的技术、最精良的制作和制造者一丝不苟的精神。劳斯莱斯除了双"R"之外,还有著名的"飞人"标志,该创意取自巴黎卢浮宫艺术品走廊的一尊有两千年历史的"胜利女神"雕像。

图4-45　劳斯莱斯幻影敞篷(Drophead Coupe)

图4-46　劳斯莱斯商标

2 宾利车标

宾利汽车公司(Bentley Motors Limited)是世界著名的英国汽车制造商沃尔特·欧文·宾利创建于1919年1月18日。1931年宾利被劳斯莱斯收购,1998年劳斯莱斯和宾利都被大众集团买下。在近百年的历史中,宾利历经时间的洗礼,依然历久弥新,熠熠生辉,呈现给世人的永远是尊贵、典雅、动力、舒适与精工细做的最完美结合。

宾利被大众收购后,一度有人担心宾利的形象会被改变,但后来推出的雅致 RedLabel(图4-47)完全消除了人们的顾虑,德国人并没有改变宾利,宾利的英国皇家血统仍然纯正。从2002年开始,宾利取代劳斯莱斯成为英国皇室唯一指定的汽车品牌,并且成为英国女王登基50周年庆典座驾。

宾利(Bentley)汽车商标(图4-48)是以公司名的第一个字母"B"为主体,生出一对翅膀,似凌空翱翔的雄鹰,预示着宾利汽车公司在全球范围内的无限发展。

图4-47 2000 款宾利雅致 Red Label

图4-48 宾利汽车商标

二 罗孚汽车公司及其商标

罗孚汽车公司(MG-Rover)的历史可以追溯到1877年约翰·坎普·斯达雷和威廉姆·苏顿共同建立、生产自行车的斯达雷-苏顿公司。1904年,世界上第一辆拥有中央底盘的8马力汽车在罗孚公司诞生(图4-49),这也是英国早期设计制造的汽车之一。

图4-49 1904 年罗孚生产的第一辆汽车

1966年,罗孚公司先被卡车制造商利兰公司收购。1968年,英国汽车公司联手美洲豹、利兰成立利兰汽车集团后,罗孚与凯旋、美洲豹合并为专业高端汽车制造厂。1978年集团重组,路虎公司成立,从此,越野车同轿车部门分家。1987年利兰汽车集团更名为罗孚(ROVER)集团。1988年罗孚集团被英国航空公司买下,1994年又被德国宝马公司接管。2000年,宝马将罗孚拆分,福特汽车公司购买了其旗下陆虎品牌所有四轮驱动系列产品,而罗孚品牌轿车象征性地以10英镑卖给了英国私人投资商凤凰集团,与另外一个古老的英国跑车MG品牌共同成立了MG-Rover公司,公司及厂房设在伯明翰的百年汽车圣地长桥。2005年7月22日,中国南汽以5000万英镑收购了罗孚、MG、及其发动机供应商Powertrain。2008年4月1日,上海汽车完成了对南汽集团100%股权收购的工商过户变更手续。

1 罗孚汽车商标

罗孚汽车商标初期采用世界上最著名的流浪族"维京人"的头像作标志,这些维京人乘船到处流浪,而"Rover"一词也是流浪者、航海者的意思,直到1930年才改为大海盗船的船头雕像(图4-50)。

2 MG 汽车商标

威廉·莫利斯是英国汽车工业之父,1910年成为莫里斯汽车公司(Morris Garages,简称MG)的老板。MG公司以生产著名的MG系列敞篷跑车、小型跑车载誉世界车坛。MG汽车的八角形的商标(图4-51),代表着稳固、忠诚和可信赖,蕴含着四面八方、君临天下的王者之气。

图4-50　罗孚汽车商标　　　　　　　图4-51　MG汽车商标

三　莲花汽车公司及其商标

莲花汽车公司是世界上著名的跑车生产厂家。创始人柯林·查普曼（Colin Chapman）于1952年1月1日成立了莲花工程公司,公司总部设在英国诺里奇市,开始制造该品牌汽车,并逐渐形成产业化生产。1986年通用汽车公司买下莲花汽车公司,致力于开发欧宝（Opel）/沃克斯豪尔（Vauxhall）汽车的欧洲市场。1993年8月27日,通用公司将莲花公司卖给了意大利商人罗曼诺·阿提奥利。1996年,莲花公司又被马来西亚的普罗顿（Proton）国有汽车公司收购。莲花汽车公司主要产品有"精灵"、"伊兰"和"卓越"牌运动跑车等。

图4-52　莲花汽车商标

莲花汽车商标（图4-52）是在莲花的花蕊上除"LOTUS"的英文字样外,还有创建人（Anthony Colin Bruce Chapman）姓名的字头四个字母"ACBC"重叠组成的图案。莲花象征着纯洁和永恒。

单元七　中国著名汽车公司及其商标

一　第一汽车集团公司及其商标

中国第一汽车集团公司简称中国一汽或一汽,总部位于吉林省长春市（图4-53）,前身是第一汽车制造厂。1953年7月15日破土动工,1956年7月15日,制造出新中国第一辆解放牌卡车,1958年制造出新中国第一辆东风牌小轿车和第一辆红旗牌高级轿车。一汽的建成,开创了中国汽车工业新的时代。经过五十多年的发展,一汽已经成为国内最大的汽车企业集团之一。

一汽现有全资子公司28个、控股子公司18个,其中上市公司4个,分别是一汽轿车股份有限公司、长春一汽富维汽车股份有限公司、天津一汽夏利汽车股份有限公司、一汽启明信息技术股份有限公司。主营业务板块按领域划分为:研发、乘用车、商用车、毛坯零部件、辅助和衍生经济等六大体系,旗下拥有解放、红旗、夏利和奔腾等自主汽车品牌。

一汽汽车商标（图4-54a）将阿拉伯数字"1"和汉字"汽"巧妙布置,构成一只展翅雄鹰的图案,喻示着不断进取、展翅高飞的中国一汽精神,又表达了中国汽车工业冲出国门、走向世界的决心。美术体"1"字商标是近年来增加采用的图形标志（图4-54b）,以椭圆形为

图4-53　一汽总部

基本型,代表全球和天空,以"1"字为视觉中心,代表第一的特征。一汽载货汽车在车头标有"FAW"字样,是第一汽车制造厂(First Automobile Workshop)英文第一个字母的组合。

a)　　　　　　　　　　　　　　b)

图4-54　一汽汽车商标

二　东风汽车集团公司及其商标

东风汽车公司的前身是1969年始建于湖北十堰的第二汽车制造厂。1981年,由二汽牵头联合8家地方汽车厂成立了东风汽车工业联营公司,1992年9月1日更名为东风汽车集团。公司主要业务分布在十堰、襄阳、武汉、广州四大基地,公司总部于2003年9月28日由十堰迁至武汉,主营业务涵盖全系列商用车、乘用车、发动机及汽车零部件等。

进入21世纪,东风公司积极推进与跨国公司的战略合作,先后扩大和提升与法国标致-雪铁龙集团的合作;与日产进行全面合资重组;与本田公司拓展合作领域;整合重组了江苏悦达-起亚公司;与重庆渝安创新科技(集团)公司合资成立东风渝安车辆有限公司,生产东风小康微型车等。

图4-55　东风汽车商标

东风汽车商标(图4-55)是两只环绕椭圆、展翅高飞的春燕的剪形尾羽作为图案基础。主要含义是双燕舞东风,使人自然联想到东风送暖,春光明媚,神州大地生机盎然,给人以启迪和力量。二汽的"二"字寓意于双燕之中,一个代表传承,一个代表创新,象征着东风汽车车轮滚滚向前永不停息,冲出亚洲,走向世界。

三　上海汽车工业(集团)总公司

上海汽车工业(集团)总公司简称"上汽集团"(图4-56),是中国四大汽车集团之一,主要从事乘用车、商用车和汽车零部件的生产、销售、开发、投资及相关的汽车服务贸易和金融业务。

上汽集团坚持自主开发与对外合作并举,一方面通过加强与德国大众、美国通用汽车等全球著名汽车公司的战略合作,另一方面集合全球资源,加快技术创新,推进自主品牌建设,逐步形成了合资品牌和自主品牌共同发展的格局。目前,公司直属管理的企业中有上海大众、上海通用、上汽通用五菱、上海申沃、上海汇众等 8 家主要企业;上海汽车股份有限公司 1 家上市公司;延锋伟世通、联合汽车电子等零部件企业;上汽通用金融公司、安吉天地等多家汽车服务贸易的企业和汽车工程院、泛亚技术中心等技术开发机构。上汽集团除在上海当地发展外,还在柳州、烟台、沈阳、青岛、仪征等地建立了自己的生产基地,在美国、欧洲、香港、日本和韩国设有海外公司,并且拥有韩国大宇 10% 股份和双龙汽车公司 48.92% 的股份,以第一大股东身份参与经营管理。

上汽集团旗下拥有上海、荣威等自主轿车品牌。上海牌汽车商标就是轿车产地"上海"两个字(图 4-57)。荣威(Roewe)(图 4-58)汽车的命名取意于"创新殊荣,威仪四海",整个结构是一个稳固而坚定的盾形,两只站立的东方雄狮护卫着华表,图案下方用现代手法绘成字母"RW"。图案充分体现经典、尊贵的气质,整体形象中西合璧,包含自信内涵,充分阐释了上海汽车以自主掌控、自主创新的信念,传承世界先进技术,全新塑造中国的国际品牌的决心和信心。

图 4-56　上汽集团标　　　　　　　图 4-57　上海牌汽车商标　　　　　　　图 4-58　荣威汽车商标

四　中国长安汽车集团股份有限公司

中国长安汽车集团股份有限公司,拥有长安、哈飞、昌河、东安四大整车自主品牌。在做大做强自主品牌的同时,不断加大国际领域的战略合作。简称中国长安,英文简称 CCAG,成立于 2005 年 12 月,是中国兵器装备集团公司、中国航空工业集团公司两大世界 500 强企业强强联手,对旗下汽车产业进行战略重组,成立的一家特大型企业集团,是中国四大汽车集团之一,总部设在北京。公司原名中国南方工业汽车股份有限公司,2009 年 7 月 1 日更为现名。中国长安在整车领域与铃木、标致、雪铁龙、沃尔沃等国际知名汽车生产商开展深入合作;在零部件领域与美国天合(TRW)合作,在全国拥有 11 大整车生产基地, 24 个整车(发动机)工厂和 28 家直属企业,整车及发动机年产能力 230 万辆(台),并在马来西亚、越南、美国等 7 个国家建有海外生产基地,是生产基地布局最广的中国汽车企业,并在全球 30 多个国家建立了营销机构,产品销往 70 多个国家和地区。目前,中国长安形成了整车、零部件、动力总成、商贸服务四大主业板块,构建了垂直一体化的产业链。

2010 年 10 月 31 日,长安汽车全新四大品牌标识(图 4-59)在北京水立方正式发布。

a)

b)

c)

d)

图4-59　长安汽车四大品牌新标

a)长安汽车企业品牌标识；b)长安主流乘用车品牌标识；c)长安商用车品牌标识；d)长安公益品牌标识

企业品牌新标识(图4-59a)以"长安汽车"的中英文组合形式出现,简洁明确,字体采用了深邃的蓝色,象征着科技创新,寓意着长安汽车对新技术和高品质的追求,努力为消费者提供令人惊喜和感动的产品和服务。全新主流乘用车品牌标识(图4-59b)是以"V"为核心创意表现,好似飞龙在天,龙首傲立于蓝色地球之上,同时又是 Victory 和 Value 的首字母,代表着长安汽车致力于打造世界一流企业的战略愿景和为消费者与股东创造价值的企业责任感;也恰似举起的双手,传递出长安汽车科技创新、关爱永恒的价值追求。之前在微车上常用的"草帽"标,略作修改后,配合"长安商用"文字,用于长安的商用车系列(图4-59c)。公益品牌标识(图4-59d)以绿色为基本色,核心则以"长安"两字为元素,组合成"爱"字,艺术地传达"长安"的"大爱"之意。

练一练,做一做:

(1)查一查长安汽车旧标识及其含义。

(2)利用网络资源详细了解各大汽车公司的文化及发展历程、创始人等,认识各汽车商标。

(3)走访1~2家汽车品牌4S店,了解最新车型,并对该品牌汽车的过去与未来进行讨论。

思考与练习

一、填空题

1.福特汽车公司是世界最大的汽车企业之一,_____年由亨利·福特先生创立于美国_____市。_____年成为美国最大的汽车供应商。

2._____年6月1日,通用汽车申请破产保护。7月10日成立了_____,结束破产保护,只保留_____、_____、_____和_____4个核心汽车品牌。

3.丰田汽车公司创立于_____年,简称"丰田"(TOYOTA),是世界十大汽车公司之一,也是日本最大的汽车公司,创始人是_____。

4._____公司的汽车年产量占意大利全国汽车年总产量的90%以上,这在世界汽车工业中是罕见的。

5.一汽于_____年奠基兴建,_____年建成并投产,制造出新中国第一辆解放牌卡车。

6.东风汽车公司的前身是1969年始建于湖北十堰的_____。

二、简答题

1.美国福特汽车公司旗下曾经拥有多少个汽车品牌,现在有几个核心品牌,分别是哪些?

2.通用汽车有限公司有几个核心品牌,主要生产哪些车型?

3.日本汽车企业在北美市场上有哪些豪华品牌,他们的主要竞争对手有哪些品牌?

4.菲亚特集团旗下有哪些汽车品牌,分别说出具体的车型。

项目五 汽车运动

项目描述

汽车运动是各式各样的汽车比赛的统称,是汽车在封闭场地内、道路上或野外比赛速度、驾驶技术和性能的一种体育运动项目,在世界范围内影响较大。它不仅仅是车手之间技艺、意志和胆量的竞争,也是各大汽车公司在资金、技术等多方面的竞争,体现了人与科技最完美的结合,给车迷朋友带来美的享受。

学习目标

1. 了解汽车运动的起源和分类;
2. 了解汽车运动的魅力;
3. 了解汽车俱乐部、著名汽车展和世界十大汽车城的基本发展情况。

建议课时

4 课时。

单元一 汽车运动概述

为推动汽车工业发展,法国、英国、德国、比利时等欧洲国家于 1904 年 6 月 20 日在法国巴黎成立了国际汽车联盟,简称"国际汽联"或"FIA"。总部以前设在法国巴黎,2004 年移至瑞士苏黎世。最高权力机构是世界汽车旅游理事会和世界赛车运动理事会。两个理事会的主席均由国际汽联主席担任,分别另设一名执行主席。两个理事会的成员分别由会员代表大会选举产生。

世界汽车旅游理事会主要负责为汽车使用者解决问题;世界赛车运动理事会主要负责统筹世界各国赛车运动组织,为所有不同种类的赛车运动制定规则,协调安排世界范围内的各项汽车比赛。两理事会分别设立若干个特别委员会在各自负责的范围内进行工作,其中较有影响的委员会有:赛道及安全委员会、一级方程式赛车委员会、汽车拉力赛委员会、卡丁车委员会、汽车旅游委员会、制造厂商委员会等。

中国赛车运动联合会(FASG)于 1975 年在北京成立,1983 年加入国际汽车联盟。

一 汽车运动的起源

19 世纪 80 年代,欧洲大陆出现了最早的汽车,汽车运动也随之兴起。起初,汽车比赛的目的只是汽车生产厂家为了检查车辆的性能,宣传使用汽车的安全性和可靠性,因此汽车生产厂家积极资助,推销其产品。1887 年 4 月 20 日,法国的《汽车》杂志社主办了世界上最早的汽车比赛,参赛的只有乔乐基·布顿一个人,他驾驶四人座的蒸汽汽车从巴黎沿塞纳河畔跑到了努伊伊。1888 年,法国《汽车》杂志社再次举办了汽车比赛,路程从努伊伊到贝尔塞，全长 20km，结果驾驶迪温牌三轮汽车的布顿获得冠军，第二名也是最后一名为驾驶塞尔波罗蒸汽汽车的车手。1894 年，Le Petit 日报的 Pierre Gifard 组织了世界上第一次汽车比赛，线路由巴黎到鲁昂（Rouen），共 80mile。

1895 年 6 月 11 日，由法国汽车俱乐部和《鲁·普奇·杰鲁纳尔》报联合举办了世界上最早的长距离汽油车公路赛，线路由巴黎到波尔多往返，全程 1178km。获得比赛第一名的埃为艾米尔·鲁瓦索尔共用 48h45min，平均车速为 24.55km/h。但是由于比赛规定车上只许乘坐 1 人，而他的车上却乘坐了 2 人而被取消了冠军的头衔，把冠军让给了落后他很多的凯弗林。此次比赛共有 23 辆车参赛，跑完全程的只有 8 辆汽油车和蒸汽车。

早期的赛事采取城镇到城镇（town-to-town）的比赛形式，和现在的拉力赛一样，赛车依次等时间距发车，根据总用时排出成绩，分出胜负。1896 年，法国汽车俱乐部（ACF，Automobile Club de France）组织了一次从巴黎到马赛返回的比赛。在 1897 年的赛事上，赛车有别于家用车的特征开始出现，赛车去掉了不必要的挡泥板，车座不再采用舒适的软结构，赛车制造商开发出大功率的发动机。

随着赛车性能不断提高，也产生了许多伤亡事故，该运动开展的初期出现过两次危机。一次是 1901 年的巴黎—柏林公路赛，一名男孩跨入赛道去看一辆开过去的车，被后来一辆车撞倒导致死亡。法国政府随后禁止了比赛，但最终在汽车业的强大压力下，恢复了比赛。另一次是 1903 年的法国汽车俱乐部举办的巴黎—波尔多—马德里的比赛中，有近 300 万观众在赛道两旁观看比赛。赛车在丛林行驶中，扬起的尘土阻挡了车手的视线，赛车撞向观众，很多人被撞。比赛随后被法国、西班牙政府终止。后来，法国政府再一次妥协，恢复了比赛。但为赛车运动制定了一些规则：为了避免汽车在野外比赛扬起漫天的尘土影响后面车手的视线，造成伤亡事故，比赛逐渐改在封闭的赛场和跑道上进行，赛道两旁围上护拦，比赛选在人口稀少的地方举行。这就是汽车场地赛的雏形，它被认为是封闭赛道（closed roads）开始的标志。

为了吸引更多的人参加汽车比赛，使比赛更加富有刺激性和挑战性，法国的勒芒市在 1905 年举行了第一次真正意义上的场地汽车大奖赛。1911 年，摩纳哥举办了一次以欧洲 10 国各自的首都为起点，以摩纳哥的蒙特卡罗为终点的汽车长途越野赛，这次比赛以 "RALLY" 命名（原意是 "集合、集会"，我国音译为 "拉力"），这就是世界上第一次汽车拉力赛。20 世纪初，赛车已经开始职业化（图 5-1、图 5-2），德国、意大利、英国、美国都有了自己的赛车参赛，涌现出 Felice Nazzaro、Georges Boillot、Jules Goux 等一批新的车手。

图 5-1　20 世纪初人们开车去看汽车比赛　　图 5-2　1907 年菲亚特赛车在比赛中

练一练,做一做:

查阅资料,了解我国汽车运动是在什么情况下产生的,对我国汽车制造业有何促进作用?

二　汽车运动的分类

根据汽车行驶场地是否封闭来划分,可以把汽车运动分为场地赛和非场地赛。

(一) 场地赛

1 方程式赛

赛车必须依照国际汽车联合会(FIA)制定颁发的车辆技术规则规定的程式制造,包括车体结构、长度和宽度、最低重量、发动机工作容积、汽缸数量、油箱容量、电子设备以及轮胎的距离和大小等。

根据方程式赛车的制造程式不同,分为:一级方程式(F1)、方程式3000、三级方程式(F3)、雷诺方程式、亚洲方程式等。

1) 一级方程式赛车(F1/Formula 1)

世界一级方程式锦标赛,汽车场地比赛项目之一,是方程式汽车赛中最高级别的比赛。世界上首次举行赛车场上比赛的是1900年在法国的默伦。现代世界一级方程式锦标赛是于1950年在英国银石赛车场开始的,现在每年举行16场比赛,由国际汽车联合会安排比赛。现有的19支参赛车队均为"一级方程式车队协会(FOCA)"的成员。车手必须持有由国际汽车联合会签发的"超级驾驶执照"。每年全世界持有这种执照的车手不超过100人。

比赛设车手奖和车队奖。每场比赛的全程距离为305km,所用时间不超过2h。每场比赛取前六名,车手获得的分数依次为10、6、4、3、2、1。在每一赛季结束后,将车手在全年16场比赛中取13场最好的比赛成绩相加得出总积分,得分最高者为当年世界冠军。车队世界冠军的计分方法与车手相同。

比赛使用四轮外露的单座位纯跑道用方程式赛车,如图5-3所示,由底盘、发动机、变速系统、轮胎和空气动力装置等构成,最低重量为505kg。底盘是以航天飞机的构造科学为基本理论依据,用碳化纤维制造的。发动机依不同时期的比赛规则而变化,自1995年开始,规定使用汽缸排量为3.0L的自然吸气式汽油发动机,汽缸数目最多12个,输出功率为650hp(478kW)。变速器设有六至七个挡位,并采用半自动变速系统。

图5-3　一级方程式赛车

使用的轮胎采用特殊合成橡胶制造，分干地与湿地两种，以便于在不同气候下使用。赛车的车身呈流线型，在其前、后部设有扰流装置和翼子板，在运动中利用空气动力学的原理产生下压力量，增加轮胎的附着力，使赛车紧贴地面运动。

2）方程式3000（F3000/Formula 3000）

3.0L方程式汽车赛，方程式汽车场地比赛项目之一，设有国际大奖赛等比赛。使用的赛车是四轮外露的单座位纯跑道用方程式赛车，装备8缸、排量为3L的自然吸气式汽油发动机，输出功率约475hp（350kW）。

3）三级方程式汽车赛（F3/Formula 3）

方程式汽车场地比赛项目之一。使用的赛车是四轮外露的单座位纯跑道用方程式赛车，外形与一级方程式赛车相类似，但体积较小，最低重量为455kg，配备4缸、排量为2L的自然吸气式汽油发动机，输出功率约170hp（125kW）。

4）亚洲方程式（Formula ASIA）

方程式汽车场地比赛项目之一，如图5-4所示，限在亚洲地区开展。使用的赛车是四轮外露的单座位纯跑道用方程式赛车，车身规格与三级方程式相似，配备1台福特4缸排量为2L的自然吸气式汽油发动机，输出功率约160hp（118kW）。近年来出现了宝马亚洲方程式。

2 卡丁车赛

卡丁车（图5-5）是世界方程式赛车的最初级形式，始于1940年。分为方程式卡丁车、国际A、B、C、E级和普及级六类，共12个级别。由于许多著名的一级方程式赛车手都是从卡丁车起步，因此卡丁车被视为"F1"的摇篮。

使用轻钢管结构，操纵简单，无车体外壳，装配100mL、125mL或250mL汽油发动机的4轮单座位微型赛车，重心低，在曲折的环型路线上行驶，比赛速度感强。

图5-4　方程式汽车场地比赛

图5-5　卡丁车赛

3 创纪录赛

在某个场地或路段以单车出发创造最高行驶速度记录的汽车活动（图5-6）。按汽车发动机的工作容积分A～J共10个级别。

现今以轮胎驱动的汽车的最高速度记录是1965年11月由赛默兄弟（Summer Brother）创造的，时速达660km/h；以喷气式发动机为动力驱动的汽车最高速度记录是1983年由英国人理查德·诺贝尔（Richard Noble）驾驶他自己设计的Thrust II车在美国内华达州西北的盐湖上创造的，时速达1019.89km/h。其发动机的输出总功率为60000hp（44100kW）。

图 5-6　创纪录赛赛车

4 直线竞速赛

比赛按不同车型及发动机工作容积分为 12 ~ 14 个级别,在两条并列长 1500m、各宽 15m 的直线柏油跑道上进行,实际比赛距离为 1/4mile 或 1/8mile。比赛时每 2 辆车为 1 组,实行淘汰制,分多轮进行,直至决出冠军。采用定点发车方法,加速行进,通过电子仪器测量从发车线到终点线的行驶时间评定成绩。

5 耐久赛

耐久赛(图 5-7)也称为“GT”赛,为长时间耐久性比赛。比赛中每车可设 2 ~ 3 名驾驶员,轮流驾驶。比赛车辆分旅行车和运动原型车两类,并根据发动机的工作容积分为若干级别。每年国际汽车耐力系列赛分为 11 站,在世界各地举行,以完成圈数的多少评定成绩。

图 5-7　耐久赛

较著名的比赛有:法国勒芒(Le Mans)24h 耐久赛、日本铃鹿(Suzuka)8h 耐久赛。

GT 赛车是美感和动力的完美结合体,保时捷、法拉利、兰博基尼、美洲虎等车厂都在 GT 比赛中建立起它们的名声并让其产品成为著名的超级跑车。

6 印第车赛

印第车赛也叫印第方程式赛,赛道分为市区内非固定性跑道、传统的公路跑道、固定的椭圆形跑道,以及超级椭圆形高速跑道四类。该车赛起源于美国,原为美国汽车协会主办的锦标赛,现设有世界锦标赛。1978 年由 18 支印地车队联合成立了"印第锦标赛赛车队有限公司",建立了赛事管理机构举办系列车赛,制订了独特的比赛规则。1979 年举办了第一次比赛,成为不受国际汽车联合会管辖的汽车比赛。

比赛使用车辆的整体结构类似一级方程式的四轮外露式单座位纯跑道用赛车,但使用以甲醇为燃料的排量为 2.65L 、8 缸以下的涡轮增压式发动机。

一级方程式赛车可使用主动式悬架、离合器电子操纵系统、防抱死制动装置,还可采用半自动的换挡装置;而在印第赛车上不允许使用这类先进的电子装置,它使用普通离合器、普通变速换挡装置。

(二)非场地赛

1 拉力赛

汽车拉力赛(图5-8)的道路状况十分复杂,每一段特殊路段为一个赛程,是在一个国家内或者跨越数国举行的既检验车辆性能和质量,又考验驾驶员驾驶技术的长途比赛。比赛在规定日期内分若干阶段进行,每阶段内设置由行驶路段连接的数个测试速度的赛段交替进行,每个赛段的长度不超过 30km。比赛采用单车发车方法,每个车组由 1 名驾驶员和 1 名副驾驶员(领航员)组成。以每个车组完成全部特殊路段比赛的时间和在行驶路段所受处罚时间累计计算最终成绩,时间短者名次列前。

赛车不同于街道上行驶的普通汽车,虽然外观一样,但参加拉力赛的汽车要求是年产量在 2500 辆以上的小轿车,并且至少有两套改装:安全改装和技术改装。

2 越野赛

越野赛(图5-9)是在一个国家的公路和自然道路上举行的允许对该国进行考察的汽车比赛。经过几个国家的领土、总长度超过 10000km 或跨洲的比赛称马拉松越野赛。除国际汽联特别批准外,越野赛的赛程不得超过 15 天,比赛必须在白天进行。采用单车发车方式。比赛每经过 10 个阶段后至少休息 18h。

图5-8　拉力赛　　　　图5-9　汽车越野赛

1996 年国际汽联首次对越野赛实行世界杯赛制,其中较著名的比赛有巴黎-达喀尔越野赛、突尼斯国际汽车赛、巴黎至莫斯科至北京马拉松汽车越野赛、阿拉伯联合酋长国沙漠挑战赛等。

练一练,做一做:

在汽车运动场地赛或非场地赛中任选一种类型的汽车比赛,了解其比赛规则和社会影响力。

三 汽车运动的魅力

与通常的体育运动相比,汽车运动不仅是车手个人技艺、意志和胆量的竞争,而且是汽车设计、产品质量的角逐,这种独具特色的双重性运动,体现了人类对自然的征服能力。有了具有高科技产品的汽车公司做后盾,有了拥有雄厚经济实力的大企业集团的资助,再加之热心汽车运动的人们的积极参与,这就是汽车运动能够经久不衰的关键所在。汽车比赛不断推动着世界各国汽车工业的技术革命,而汽车工业的日新月异的变革又推动了汽车运动水平的不断提高。

现在的汽车赛已完全成为一种职业活动,出现了空前繁荣的局面。在赛车场,那些五彩缤纷的赛车,随着一声令下,竞相出发,开足马力冲向前方。车手们你追我赶的争先表演,赛车如万马奔腾一泻千里的场面非常壮观,这对 20 万～30 万的现场观众和数以亿计的电视观众来说极富刺激。

汽车运动的魅力主要表现为以下几个方面。

1 有助于改善汽车的性能

汽车赛有助于改善汽车的性能,尤其是它的动力性。汽车诞生百年来,汽车技术得以不断的发展的原因,在很大程度上是根据各式各样车赛所作的大量实验。赛车场是汽车技术的试验场。汽车赛可以作为汽车新构造、新材料等实验的最重要的手段。在比赛中获奖的赛车往往就是制造厂日后生产新车型的参考样本。20 世纪 50 年代,当日本汽车厂家决定加快汽车生产步伐时,首先选中的"基地"就是赛车场。20 世纪 60 年代,他们又将自己的赛车驶向国际赛场。向车坛霸主欧、美赛车宣战,在屡战屡败中吸收了对手的优点,找到了自己的不足,通过改进,他们不仅在赛车场获得了一席之地,而且为日本汽车工业的全面崛起奠定了坚实的基础。

如今,几乎所有赛车都采用了涡轮增压发动机,只有这种发动机才能达到 700～800hp(515～588kW)的输出功率。轮胎不断加宽、制动系统制冷及底盘的日臻完善,使赛车的速度日新月异。在高级赛车运动中,稳操胜券不仅仅靠驾驶员的天赋能力,还取决于发动机、底盘和轮胎三位一体的综合技术水准。从这个意义上讲,赛车活动是一场技术水准的大较量。

2 强化的道路实验

汽车赛实质上是一种强化的道路实验。它能使汽车所有零部件都处于最大应力状态下工作,将正常使用条件下几年之后出现的问题在短短的几个小时之内就能暴露出来,节省了大量的时间。

3 动态车展

汽车赛可喻为动态车展。一级方程式汽车比赛每年举行 16 场,分赛场遍布全世界。赛车几乎总是先进技术的结晶,今天,在汽车大赛中推出的每一部新的赛车,几乎都代表着一家汽车公司甚至一个国家在汽车方面的最新技术水平。不仅如此,赛车还体现了普通汽车发展的方向。比较当代新型轿车与 20 世纪 30 年代的赛车设计,不难发现它们之间有一些共同点,如较高的发动机转速、较大的压缩比、较小的汽车质量和流线型的车身等。

从某种意义来说,赛车是汽车发展的先驱。最能代表赛车技术的一级方程式赛车,主要出自德国波尔汽车公司、意大利法拉利汽车公司、美国福特汽车公司和日本本田等汽车公司的精心制作。福特汽车公司形象地把一级方程式汽车大赛称作高科技奥运会。在汽车大赛中推出的新型赛车,从设计到制造都凝聚着众多研制者的心血。在德国约有 2000 多名专门人才直接从事赛车的研制、设计和制造工作,美国约有 1 万人。正是这些专家,使得赛车成为代表高新技术的精品。

[4] 最佳广告

汽车赛是生动的广告。组织得好的汽车赛,尤其是国际性高水平大赛能够吸引成千上万的观众。比赛中赛车和车队是汽车制造商和赞助商的最佳广告宣传载体,可以促进产品销售,为企业带来巨大的经济利益。正因为如此,许多车队才高薪争聘优秀的车手,大的公司才慷慨解囊赞助大型车赛。

[5] 促进汽车大众化

汽车赛促进了汽车大众化。除职业性比赛外,世界各地的汽车爱好者们还自行组织一些小型的汽车比赛,这对汽车工业的发展有着另外一层意义。许多地方性的汽车俱乐部,联系着千千万万汽车运动爱好者,其广泛性和群众性是汽车大赛所无法比拟的,地方汽车俱乐部组织的汽车赛吸引大量参赛者和现场观众,通过比赛掀起了汽车热,把众多的人吸引到汽车上,传播汽车技术,扩大了汽车爱好者队伍,培育了潜在的汽车制造、使用、维修方面的人才和市场。

[6] 集人与车为一体的综合较量

汽车赛是集人与车为一体的综合较量。作为一项群众性体育活动,赛车不仅体现着技术革新的步伐,也体现出人类驾驭自然的能力。它壮观而激烈,充满着冒险的情趣,因而激起越来越多人的狂热。每次大奖赛到来,总有成千上万的爱好者趋之若鹜。英国以每张 1500 美元的往返机票组织人们前往巴西观看汽车大赛;葡萄牙人和意大利人则成群结队地乘火车奔奥地利观看比赛。联邦德国、英国和南非,是甲级赛车的汇聚之地,每次都有不下 10 万人前往观看。

汽车赛是车战?商战?金融战还是科技战?谁也无法说清。它那丰富而又复杂的内涵超过了世界上任何一项体育运动。

练一练,做一做:

为什么有实力的汽车生产厂家及许多民众偏爱汽车运动?

单元二 汽车俱乐部、著名汽车展和汽车城

一 汽车俱乐部

[1] 汽车俱乐部起源

1902 年的美国,虽然仅拥有两千部汽车,但是当时的车主自发组成一个类似"沙龙"的组织,这也是俱乐部发展的雏形。最初俱乐部建立就是以汽车救援为主,会员之间通过酒吧的形式加强彼此间合作。之后,这种俱乐部开始在一些国家发展起来。

汽车俱乐部,国际上统称"AA",即 Automobile Association,如果直译应翻译作汽车协会。可以看出,这里所谓的"汽车俱乐部"并不是词典里定义的那个概念,而之所以在我国目前这类组织都叫做汽车俱乐部,则完全是出于突出这种组织"会员制"这一特定组织形式,才借用了俱乐部的组织概念。

当今国际上有两大汽车俱乐部组织:国际汽车运动联盟(FIA)和国际汽车旅游联盟(AIT),两者在经营管理模式上均采用会员制。

国际汽车运动联盟是以组织汽车运动赛事为主的组织。国际汽车旅游联盟是普通驾驶员的组织,1898 年成立于瑞士,目前拥有 138 个成员国,2 亿以上在册会员。国际汽车旅游联盟的成员为世界各国的汽车俱乐部,汽车俱乐部的主要职能是为其会员提供各类应急性和便利性的与驾驶员相关的服务,如旅游、文化、救援、金融、购物、优惠和服务等等,现在国际汽车旅游联盟的服务内容已经几乎涵盖了驾驶员生活的方方面面。1998 年初,中国的大陆汽车俱乐部被该组织接纳为会员。

2 中国汽车俱乐部的发展

北京大陆汽车俱乐部(CAA)诞生于 1995 年,是国内最早的专业汽车俱乐部,由高洋先生仿照美国的 AAA 俱乐部模式,建立的第一支专业汽车救援队伍。随着私家车的广泛普及和市场规模的不断扩大,为私家车提供服务的汽车俱乐部如雨后春笋一般成长起来。国内汽车俱乐部大致分为以下几个类型:专业的汽车俱乐部、网站汽车俱乐部、听众汽车俱乐部和兴趣汽车俱乐部。

目前国内汽车俱乐部主要从事的业务有:车务代办业务、保险及维修救援服务、汽车装饰美容服务、汽车休闲服务。

练一练,做一做:

查阅资料,了解我国有哪些较著名的汽车俱乐部,他们所从事的业务有哪些? 如果你来筹办一个汽车俱乐部,请论证策划其工作业务?

二 著名汽车展

1 世界五大车展

衡量某一车展是否为国际一流的主要依据是:参展商规模和级别、汽车展品的档次、首次亮相的新车、概念车的多少、展出面积、配套设施的先进性和完备性、主办方的服务质量、国内外媒体宣传报道量、观众数量和专业水平等。欧洲的法兰克福车展,巴黎车展和日内瓦车展,北美洲的北美车展以及亚洲的东京车展,是世界公认的"五大"国际车展。

1)德国法兰克福车展

1897 年在德国柏林的 Bristol 旅馆举办了一个小规模车展,尽管当时只有八辆汽车参展,但其依然被喻为法兰克福车展的前身。在 1911 年之前,类似的展会每年都会举办一次。就这样,柏林车展打出名号,并渐渐演变成德国汽车界的一大盛事,同时也开始为世界汽车厂商所关注。1951 年 4 月德国法兰克福首度举办车展,总共吸引了 57 万人前来观赏,相较之后同年 9 月在柏林举办的第三十五届柏林车展,只吸引了 29 万人,因此,柏林车展移至法兰克福,从此以后,德国法兰克福车展便成为一年一度的车坛盛事。

法兰克福车展(图 5-10)是世界上规模最大的车展,被誉为"汽车奥运会",一个细节足以说明这一点:法兰克福中央车站就从这个展馆中间穿过,虽然会馆里设置了水平电梯,但每次看车展,还是会走得脚磨出泡。

图5-10 法兰克福车展

法兰克福车展对参展商设置了很高的门槛,要求参展商必须具备以下条件:没有知识产权纠纷;完全拥有自主产权;有新产品且新产品有一定水平的科技含量;在市场上有一定的保有量,因此多年以来,中国汽车厂商一直被这些条件拦在门外,直到2005年9月12日吉利完成中国企业在法兰克福车展的首次亮相,改变了历史。

2)法国巴黎车展

1898年,一个国际性的汽车展览在杜乐丽花园举行,那是当年巴黎最大的一件盛事,有超过14万人参观了首次车展。自1923年开始,车展改在10月的第一个星期三,这一惯例一直延续到今天。1976年,车展定为两年举行一次。

作为浪漫之都的巴黎,它的车展如同时装,总能给人争奇斗艳的感觉。1998年10月,巴黎车展恰逢一百周年,欧洲车迷期待很久的巴黎"百年世纪车展"以"世纪名车大游行"方式,让众多观众在巴黎大街上一睹香车美女的芳容。法国的汽车设计一向以新颖独特著称于世,富于浪漫和充满想像力的法国人,总是在追求别具一格的车型、风一般的速度和舒适的车内享受,这些法国人的嗜好,都在巴黎车展中显露无遗,使得巴黎车展始终围绕着"新"字作文章。与此同时,巴黎车展(图5-11)也是概念车云集的海洋,各款新奇古怪的概念车常常使观众眼前一亮。

长城汽车和江铃陆风汽车代表中国汽车于2006年9月28日首次在巴黎展览中心亮相。法国国际专业展览促进会董事铁瑞·汉司表示,只要是欧洲市场认可的汽车都可以参加展会,欢迎更多的中国汽车厂商加盟巴黎车展。

3)瑞士日内瓦车展

日内瓦车展(图5-12)在位于日内瓦机场附近的巴莱斯堡国际展览中心举行,总面积7万平方米。该车展起源于1905年,正式创办于1924年,1926年起由非正式的协会主办,1947年协会改组为国际车展基金会,1982年起由政府出面创立的Orgexpo基金会主办。

图5-11 巴黎车展

图5-12 日内瓦车展

由于瑞士没有汽车工业,日内瓦车展也被称为"最公平的国际车展"。在这里没有歧视、没有东道主,无论是汽车巨头还是小制造商,都可以在日内瓦车展上找到一席之地。世界各地的汽车生产商都在日内瓦车展上竭尽所能的展出自己的新技术和新产品。最先进、最豪华的汽车是日内瓦车展的常客,日内瓦已成为世界汽车制造商、汽车设计大师们展现实力的舞台,被誉为"国际汽车潮流风向标"。

2007 年 3 月 8 日,第七十七届日内瓦国际车展开始向公众开放。作为首次参展的中国汽车品牌,中国华晨汽车公司面向欧洲市场生产的 3 款汽车吸引了众多目光。

4)北美车展

北美车展(图 5-13)的前身是原美国底特律车展,至今已有近百年的历史,是美国创办历史最长的车展之一。1900 年 11 月,纽约美国汽车俱乐部召开了第一届世界汽车博览会,1907 年转迁到底特律汽车城,当时会场设在贝乐斯啤酒花园,小小的展示区中参加的厂商只有 17 家,车辆不过 33 辆。

1989 年更名为"北美国际汽车展",每年 1 月在美国底特律 Cobo 展览中心举办,由此拉开全年国际车展序幕。北美车展展厅面积约 8 万平方米左右,会议室、会谈室近百个。车展每年为底特律带来了可观的经济收益,年平均在 4 亿美元以上。

近年来,概念车在北美车展上所占的比例越来越高,几乎全球所有的汽车公司都会利用这个平台推出自己的概念车,各种新奇的设计、各种你所能想到的、想不到的创新理念,在底特律车展上都能看见,因此难免给人离奇、古怪的感觉。由于概念车体现的是厂家的设计能力和创新意识,而不是量化生产的能力,因此概念车就成了体现厂家理念和意识的"风向标",北美车展也就成了大厂商"斗法"的主要舞台。

2006 年 1 月 8 日,吉利自由舰在北美底特律汽车城亮相,这是中国自主品牌首次被邀参加北美车展。开展没多久,来自美国以及世界各地的记者就蜂拥而至,团团围住中国展台,工作人员应接不暇,重现了法兰克福车展的热闹情景。

5)日本东京车展

东京车展(图 5-14)是五大车展中历史最短的,被誉为"亚洲汽车风向标",创办于1954 年。

图 5-13　北美国际汽车展　　　　　　　　　　　图 5-14　东京车展

东京车展一向是以日本本土车唱主角,这里除了日本车占据了天时地利之外,更加重要的是因为该车展倚重了日本企业在电子技术上的巨大优势,东京车展上露面的新车往

往是被新技术武装到了极致。结果,人们在东京车展上能够见到许多在功能与概念上都令人眼花缭乱,甚至连外观都分辨不出一点现代汽车影子的展示车。这也是与其他国际著名车展相比最鲜明的特征。

2 国内著名车展

1)上海国际汽车工业展览会

上海国际汽车工业展览会(简称上海国际车展,见图5-15)创办于1985年,是中国最早的专业国际汽车展览会,同时也是中国第一个被国际展览联盟(UFI)认可的车展。车展逢单数年举办,两年举办一次。伴随着中国及国际汽车工业的发展,经过多年积累,上海国际汽车展已成为中国最权威、国际上最具影响力的汽车展之一。

2)北京国际汽车工业展览会

于1990年创办的北京国际汽车工业展览会(简称北京国际车展,见图5-16),每两年定期在北京举办,已连续举办了十届,至今已走过近20年的发展历程。北京国际车展自创办以来,规模不断扩大,展会功能也由过去单纯的产品展示,发展到今天成为企业发展战略发布、全方位形象展示的窗口;全球最前沿技术创新信息交流的平台;最高效的品牌推广宣传舞台。展品品质逐届提高,影响也日趋广泛,众多跨国汽车企业将北京车展列为全球A级车展。秉承展品精、品牌全、国际化的办展理念和特色,北京车展已成为目前在国际上具有较高知名度的品牌展览会,为我国汽车工业的发展,自主汽车品牌的创立、发展发挥了重要的作用,并为促进中外汽车业的交流与合作,为我国会展经济的快速发展做出了积极巨大的贡献。

图5-15 上海国际车展

图5-16 北京国际车展

练一练,做一做:

查阅资料,了解近一年内在我国举办大型国际汽车展览会有哪些著名厂商参加?为什么越来越多的国外汽车制造商踊跃报名参加?此次展览会较之上届的相比有哪些亮点?

三 世界十大汽车城

全球汽车工业的发展主要是以产业集群为特征的。汽车城的设立,培育与提升了汽车产业竞争优势,促进企业和产业的整体发展。还可以提高国家和城市的综合竞争力,避免重复投资造成的浪费。

1 美国底特律城（Detroit）

底特律城（图5-17）是美国第五大城市，也是世界闻名的汽车城。它位于密歇根州境东南部，底特律河西岸，面积1.04万平方千米，人口约435万。全城约有90%的人靠汽车工业为生。因此底特律享有"给世界装上轮子"的地方的美称。此地原为印第安人住地，1796年归属美国。1899年第一座汽车制造厂建立。从1914年亨利·福特引进汽车生产线后，至今已发展成为世界汽车中心。通用、福特、克莱斯勒公司总部均设于此。汽车年产量约占全美27%。

图5-17　美国底特律城

2 日本丰田市（Toyota City）——丰田汽车所在地

丰田市是日本闻名于世的汽车城，绰号"东洋底特律"。丰田公司总部位于爱知县中央的西三河地区，丰田市面积$5150km^2$，总人口695.5万，其中超过一半的市民都是丰田汽车公司的雇员及其家属，每个职工平均年产值为13万美元。在丰田市，丰田汽车公司拥有10座汽车厂（图5-18），可生产几十个系列轻、重型汽车。此外，它还有1000多家协作厂。丰田市的出口港是名古屋，建有世界第一的、最高容量为5万辆的丰田汽车专用码头。

3 德国斯图加特（Stuttgart）——奔驰汽车公司所在地

美丽的斯图加特是一座"奔驰汽车城"，著名的戴姆勒-奔驰汽车公司建于此地（图5-19）。它位于内卡河中游河谷地带，是巴符州首府，面积$207km^2$，全城人口60万。奔驰汽车制造业是斯图加特的主体工业，在斯图加特几乎家家都有奔驰车。斯图加特每年要接待14万来自世界各地的汽车用户和汽车商以及参观旅游的人。现在它已成为德国人均收入最高、失业率最低的城市之一。

图5-18　日本丰田市爱知县的Tsutsumi工厂工人在检验车辆

图5-19　德国斯图加特奔驰汽车公司

4 意大利都灵（Turin）——意大利最大汽车集团菲亚特公司总部所在地

都灵（图5-20）是世界著名的汽车工业城。它位于意大利西北部，是皮埃蒙特大区的首府，也是意大利的第四大城市。

都灵的汽车工业十分发达，是意大利最大汽车集团菲亚特公司总部所在地。全城人口120万，其中30多万人从事汽车工业，每年生产的汽车占意大利总产量的75%。另外，都灵还以世界先进水平的技术和设备生产各类汽车零件。

5 德国沃尔夫斯堡（Wolfsburg）——大众汽车所在地

沃尔夫斯堡市也称狼堡，位于德国下萨克森州，总面积310km²，人口约13万。欧洲最大的汽车制造厂商——大众集团总部（图5-21）就坐落于此。自从大众集团1934年成立以来，带动了城市的发展。1938年，该市作为德国当时现代化的汽车城而兴建起来，开始逐步成为德国北部的工业重镇和欧洲最大的汽车制造中心。现在狼堡市民中的40%都在大众汽车厂工作，大众集团在狼堡的员工达5万人。

图5-20　意大利都灵

图5-21　德国沃尔夫斯堡大众集团总部

6 日本东京（Tokyo）——日产、三菱和五十铃汽车公司所在地

日产、本田、三菱、五十铃公司总部均设在东京（图5-22）。日产公司在东京市的雇员总数近13万人，公司可年产汽车320万辆。本田公司雇员总数达11万人左右，汽车年产量已高达约300万辆。

7 法国巴黎（Paris）——标致-雪铁龙汽车公司所在地

标致-雪铁龙汽车公司总部设在巴黎（图5-23），是法国最大的汽车集团公司。标致汽车公司是世界十大汽车公司之一，创立于1890年，创始人是阿尔芒·标致。1976年标致公司吞并了法国雪铁龙公司，从而成为世界上一家以生产汽车为主，兼营机械加工、运输、

图5-22　日本东京

图5-23　法国巴黎香榭丽舍大街

金融和服务业的跨国工业集团。公司雇员总数为 11 万人左右，年产汽车 220 万辆。

8 英国伯明翰（Birmingham）——利兰汽车公司所在地

伯明翰（图 5-24）是利兰汽车公司所在地，位于英格兰中部亚拉巴马州，是仅次于伦敦的英国第二大城市。该市市区面积 256km²，人口 26.5 万（1990 年）。自 1166 年英王恩准开埠经商后，伯明翰先以制铁冶炼为主，迅速成为冶金行业的重镇。1880 年建立第一座高炉，钢铁工业兴起，带动了其他工业的发展。现如今伯明翰是英国的汽车城，世界各大汽车生产厂商在这里都设

图 5-24　英国伯明翰

立了公司，使它的工业产值占全国工业产值的 1/5，并享有"世界车间"之美称。

9 德国吕塞尔斯海姆（Rudesheim）——欧宝汽车公司所在地

吕塞尔斯海姆是美国通用汽车公司最大的海外子公司——亚当·欧宝汽车公司总部所在地，位于美因河下游左岸，其工业以汽车制造为主。

1862 年，亚当·欧宝（Adan Opel）在吕塞尔海姆创建了欧宝公司，公司最初生产缝纫机、自行车。1897 年开始生产汽车（图 5-25），1924 年，公司建成德国第一条生产汽车的流水线，使汽车产量猛增，在德国廉价车领域独占鳌头。另外，欧宝家族可能对当时的德国政府存在顾虑，于 1929 年将公司 80% 的股份卖给美国通用汽车公司。另外现代起亚的欧洲研发中心也设在了吕塞尔斯海姆市。

10 法国比杨古（Boulogne Billancourt）——雷诺汽车公司所在地

比杨古，是世界著名汽车城，它属于法国巴黎西南的城市，地处塞纳河畔的布洛涅森林之南，人口约 10.3 万人。世界十大汽车公司之一雷诺（图 5-26）汽车制造厂就设在此地。

图 5-25　欧宝汽车

图 5-26　雷诺汽车

练一练，做一做：

（1）选择世界十大汽车城之一，了解该城市的风土人貌及汽车发展史。

（2）查阅资料了解世界著名汽车越野赛。

（3）查询本年度国内外主要车赛日程安排和著名赛车手的相关资料，观看部分车赛视频。

(4)浏览中国汽车网、汽车之家等专业汽车网站,了解汽车信息。

(5)在网站上浏览近期国内举办的大型车展,了解未来汽车发展趋势。

思考与练习

一、填空题

1. 汽车运动的最高权力机构是_____理事会和_____理事会。两个理事会的主席均由_____担任,成员分别由_____选举产生。

2. 中国赛车运动联合会(FASG)于1975年在_____成立,_____年加入国际汽车联盟。

3. 1895年6月11日,由_____和_____联合举办了世界上最早的长距离汽油车公路赛,线路由巴黎到波尔多往返,全程1178km。

4. 根据汽车行驶场地是否封闭来划分,可以把汽车运动分为_____比赛和_____比赛。

5. _____比赛项目是方程式汽车赛中最高级别的比赛,车手必须持有由国际汽车联合会签发的"_____",每年全世界持有这种执照的车手不超过100人。每场比赛的全程距离为_____km,所用时间不超过_____h。比赛设_____奖和_____奖。

6. 卡丁车是世界方程式赛车的最初级形式,始于1940年。分为方程式卡丁车、国际A、B、C、E级和_____六类,共_____个级别。由于许多著名的一级方程式赛车手都是从卡丁车起步,因此卡丁车被视为"_____"的摇篮。

7. 目前,国际上有两大汽车俱乐部组织即_____和国际汽车旅游联盟,两者在经营管理模式上均采用_____制。国际汽车旅游联盟的成员为世界各国的汽车俱乐部,汽车俱乐部的主要职能是_____。

8. _____诞生于1995年,是国内最早的专业汽车俱乐部,由_____先生仿照美国的AAA俱乐部模式,建立的第一支专业汽车救援队伍。

9. 世界公认的"五大"国际车展是指欧洲的_____车展、_____车展和_____车展,北美洲的北美车展以及亚洲的_____车展。

10. _____是中国最早的专业国际汽车展览会,同时也是中国第一个被国际展览联盟(UFI)认可的车展,目前已成为中国最权威、国际上最具影响力的汽车展之一。

11. 欧洲最大的汽车制造厂商_____总部位于德国沃尔夫斯堡市,该市已成为德国北部的工业重镇和欧洲汽车制造中心之一。

12. 丰田市是日本闻名于世的汽车城,绰号"_____",丰田市的出口港是_____,建有世界第一的、最高容量为5万辆的丰田汽车专用码头。

二、简答题

1. 汽车运动对汽车新技术的应用有何促进作用?

2. 简述汽车运动的发展起源和发展历程。

项目六　汽车污染

项目描述

随着汽车数量的日趋增多,给人类带来便利的同时,也对环境产生许多负面影响。比如交通事故频发、汽车排放和噪声使环境恶化等。

学习目标

1. 了解汽车排放污染对环境、人类的危害;
2. 了解欧洲汽车尾气排放标准和我国汽车尾气排放标准施行的历程;
3. 了解汽车污染的种类和预防措施。

建议课时

4 课时。

单元一　汽车排放污染及排放标准

一　汽车排放污染

1 汽车排放污染物

汽车排放污染主要是由汽车尾气造成的环境污染。汽车尾气的主要污染物有一氧化碳(CO)、碳氢化合物(HC)、氮氧化合物(NO_x)、二氧化碳(CO_2)和微粒物(PM)等。

1)一氧化碳(CO)

CO 是烃燃料燃烧的中间产物,主要是在局部缺氧或低温条件下,由于烃不能完全燃烧而产生的一种无色、无味的气体。当汽车负荷过大、慢速行驶或空挡运转时,燃料不能充分燃烧,废气中 CO 含量会明显增加。CO 吸入人体后,非常容易和血液中的血红蛋白结合,它的亲和力是氧的 300 倍。因此,肺里的血红蛋白不与氧结合而与 CO 结合,致使人体缺氧,抑制思考,使人反应迟钝,引起头痛、头晕、呕吐等中毒症状,严重时可能导致死亡。

2)碳氢化合物(HC)

HC 主要指内燃机排放中的未燃部分,来自三种排放源。约60%的 HC 来自内燃机废气排放,20%~25%的 HC 来自曲轴箱的泄漏,其余15%~20%的 HC 来自燃料系统的蒸发。单独的 HC 只有在含量相当高的情况下才会对人体产生影响,一般情况下作用不大,但它却是产生光化学烟雾的重要成分。

3)氮氧化合物(NO_x)

NO_x 是内燃机有一定负荷时产生的一种褐色的有臭味的气体。发动机废气刚一排出时,气体内存在的 NO 毒性较小,但 NO 很快被氧化成毒性较大的 NO_2 等其他氮氧化合物。这些氮氧化合物,我们统称为 NO_x。进入肺泡后能形成亚硝酸和硝酸,对肺组织产生剧烈的刺激作用。亚硝酸盐则能与人体内的血红蛋白结合,形成变性血红蛋白,可在一定程度上导致组织缺氧。

NO_x 与 HC 受阳光中紫外线照射后发生化学反应,形成有毒的光化学烟雾。当光化学烟雾中的光化学氧化剂超过一定浓度时,具有明显的刺激性。它能刺激眼结膜,引起流泪并导致红眼症,同时对鼻、咽、喉等器官均有刺激作用,能引起急性喘息症,可以使人呼吸困难、眼红喉痛、头脑晕沉,造成中毒。光化学烟雾还具有损害植物、降低大气能见度、损坏橡胶制品等危害。

4)二氧化碳(CO_2)

世界工业化的发展引起的能源大量消耗,导致大气 CO_2 剧增,其中约30%来自汽车尾气。CO_2 无色无毒,对人体无直接危害,但其含量的大幅增加,会因吸收红外热辐射而产生温室效应,使全球环境变暖,南北极冰层溶化,海平面上升,大陆腹地沙漠化加剧,使生态环境遭到破坏。因此,使用小排量汽车和提高汽车的燃油经济性是减少 CO_2 排放的重要措施。

5)微粒物(PM)

内燃机排放出的 PM 有三个来源。一是不可燃物质,二是可燃的但未进行燃烧的物质,三是燃烧生成物。燃烧过程排出的颗粒物质的组成中大部分是固态碳,火焰中形成的固体碳粒子称为碳黑。碳黑可以在燃烧纯气体燃料时形成,但更多的则是在燃烧液体燃料时形成。颗粒物质的组成中除碳黑外还有碳氢化合物、硫化物和含金属成分的灰分等。含金属成分的颗粒物主要来自于燃料中的抗爆剂、润滑油添加剂以及运动产生的磨屑等。

柴油发动机燃料燃烧不完全时,其内含有大量的黑色炭颗粒。形成的炭烟能影响道路上的能见度,并因含有少量的带有特殊臭味的乙醛,往往引起人们恶心和头晕。炭烟不仅本身对人的呼吸系统有害,而且炭烟粒的孔隙中往往吸附着二氧化硫及有致癌作用的多环芳香烃等。

2 汽车排放控制措施

环保专家认为要减少汽车污染对城市环境的危害,最有效的办法是调整城市交通政策,大幅减少私家车数量,优先发展公交,提倡自行车交通;同时,还应加速科技发展、采用新技术新材料、推广普及节能环保型汽车,减少对石化燃料的依赖。

练一练,做一做:

结合实例说明为什么民众越来越注重汽车排放污染?

二 汽车排放标准

1 欧洲排放标准

由于汽车排放污染物对环境造成的危害日益严重,世界各国和地区都先后制定了限制汽车废气排放的限量值,其中欧盟制定的欧洲标准是一项大多数国家和地区执行的参照标准。表6-1所示是欧洲轿车(passenger cars)尾气排放标准及实行年限。

欧洲轿车(passenger cars)尾气排放标准   表6-1

标准等级	开始实施日期	CO	THC	NMHC	NO_x	$HC+NO_x$	PM	P[③]
柴油发动机轿车								
欧盟一期[①]	1992 年 7 月	2.72 (3.16)	—	—	—	0.97 (1.13)	0.14 (0.18)	—
欧盟二期	1996 年 1 月	1.0	—	—	—	0.7	0.08	—
欧盟三期	2000 年 1 月	0.64	—	—	0.50	0.56	0.05	—
欧盟四期	2005 年 1 月	0.50	—	—	0.25	0.30	0.025	—
欧盟五期	2009 年 9 月	0.500	—	—	0.180	0.230	0.005	—
欧盟六期（将来）	2014 年 9 月	0.500	—	—	0.080	0.170	0.005	—
汽油发动机轿车								
欧盟一期[①]	1992 年 7 月	2.72 (3.16)	—	—	—	0.97 (1.13)		—
欧盟二期	1996 年 1 月	2.2	—	—	—	0.5		—
欧盟三期	2000 年 1 月	2.3	0.20	—	0.15	—		—
欧盟四期	2005 年 1 月	1.0	0.10	—	0.08	—		—
欧盟五期	2009 年 9 月	1.000	0.100	0.068	0.060	—	0.005[②]	—
欧盟六期（将来）	2014 年 9 月	1.000	0.100	0.068	0.060	—	0.005[②]	—

注:①括号内的数字为生产一致性(conformity of production;COP)排放限值。在欧盟五期以前,重于 2500kg 的轿车被归类为轻型商用车辆(light commercial vehicle)。

②仅适用于使用直喷发动机的车辆。

③一个数字的标准建议最早于欧盟六期实行。

2 中国的尾气排放标准实行历程

由于中国汽车行业起步较晚并且疆域广大,很难像其他国家一样全国实现统一的排放标准,所以中国控制排放的过程也是一个曲折反复的过程,以下是近年中国执行的汽车尾气排放标准。

1)国家Ⅰ号排放标准

从解放初国家就把汽车排放放在了环保的首位,国家制定了汽车排放Ⅰ号标准(简称国Ⅰ标准,基本等同于欧Ⅰ标准),此标准在 2004 年被国家Ⅱ号标准取代。

2)国家Ⅱ号排放标准

2004 年 7 月 1 日起,国家已经停止对达到《轻型汽车污染物排放限值及测量方法》排放限值的第一类轻型车的申报和核准,并在全国范围内实施相当于欧洲Ⅱ号标准的国家第二阶段轻型车排放标准(简称国Ⅱ标准)。但由于牵涉面广,国家设立了"过渡期":已通过国Ⅰ核准的第一类轻型车可在 2005 年 6 月 30 日前的过渡期内合理安排制造、进口计划,确保 2005 年 6 月 30 日前停止制造、进口该类车。而自 2005 年 7 月 1 日起,国家就将严格停止达到国Ⅰ轻型车的销售和注册登记,取而代之的是国Ⅱ标准的车型。国Ⅱ标准与国Ⅰ标准相比,单车污染物排放一氧化碳降低 30.4%,碳氢化合物和氮氧化物降低 55.8%。

3）国家Ⅲ号排放标准

2007年7月1日，全国全面实施机动车国家Ⅲ号排放标准（简称国Ⅲ标准）。当时，上海、北京、广州、深圳的国Ⅲ排放标准试点工作已经初具成效，同时，发改委也为国Ⅲ标准的全面实施提供了过渡空间，即国Ⅲ加装OBD车型认证的时间推迟一年，即2008年的7月1日。企业在生产销售方面有一年的过渡期，也就是2009年的7月1日，要求所有销售的车型，必须达到国Ⅲ标准并加装OBD，所以完全意义上的国Ⅲ标准实施的时间是2009年的7月1日。

国Ⅲ标准相当于欧洲Ⅲ号的排放标准，进一步降低了污染物排放限值，其尾气污染物排放限值比国Ⅱ标准尾气污染物排放限值降低了30%，不同的只是新车必须安装一个OBD车载自诊断系统。该系统特点在于检测点增多、检测系统增多，在三元催化转化器的进出口上都有氧传感器。完全通过实时监控车辆排放来控制达标，可以更加保证国Ⅲ排放标准的执行。

4）国家Ⅳ号排放标准

国家第四阶段机动车污染物排放标准（简称国Ⅳ标准）是参照欧Ⅳ汽车排放标准，汽车尾气污染物排放限值比国Ⅱ标准尾气污染物排放限值降低了60%。为保证车辆使用过程中稳定达到排放限值要求，保证车辆排放控制性能的耐久性，增加了对车载诊断系统（简称OBD）和在用车符合性的要求。

由于油品、成本、技术等方面的原因，国Ⅳ标准将分车型、分区域实施。2011年7月1日，国Ⅳ标准正式在全国各地实施（轻型汽油车），原定于2010年1月1日实施的3.5t以上柴油车国Ⅳ标准，推迟两年实施；3.5t以下柴油车则推迟了3年，在2013年7月1日实施国Ⅳ标准。

3 中国在制定尾气排放标准时遇到的问题

随着国家"863"计划的启动，中国汽车制造业的环保节能战略也随之而起。国家环保总局在2006年宣布，我国在2007年和2010年分别实施国家第三、第四阶段机动车排放标准。

对于轻型车而言，国Ⅲ标准的核心有两个：OBD技术和在用车排放符合性要求；而重型车的国Ⅲ标准主要是要求发动机再设计并融合电控技术，其国Ⅳ标准的核心在于技术发展路线和OBD技术要求。由此，国Ⅲ标准为轻型车与重型车带来的挑战各不相同。总的来说，合资公司有技术优势，新开发的车辆基本都能满足国Ⅳ排放标准的要求，国内自主品牌也基本都是瞄准国Ⅳ的标准来开发的。一些老车型在国Ⅳ实施后就要被淘汰，近几年刚开发的一小部分车型能升级到国Ⅳ，有些达不到国Ⅳ的车型也将被淘汰。国Ⅳ和国Ⅲ在技术难度上是类似的，但跟国Ⅰ国Ⅱ相比有质的变化，主要体现在标准限值更严，要加装车载诊断系统，要核查在用车的排放符合性。与国Ⅲ相比，国Ⅳ只是在其基础上限值又严格了一倍。简单地说，两辆国Ⅳ车的排放与一辆国Ⅲ车的排放是一样的。但是，要在全国范围内实施国Ⅲ排放标准，其难度却不亚于在北京等大城市提前实施国Ⅳ排放标准。有专家建议，国Ⅳ标准应依据区域情况实施，在一些人口密集的大城市，在条件具备的情况下，可以提前执行更为严格的排放标准，而在其他区域，有效落实国Ⅲ标准才更为现实。

目前,丰田、通用等公司都将有混合动力轿车推出,以满足市场的需求,其他民营造车企业也将环保节能的战略纳入新车型的开发之中。这些注重环保的车企也终将在未来受益。但国内的有些汽车制造商在为国Ⅲ标准的实施抱怨。油品质量跟不上、尾气标准进程过快和企业发展调整慢成为推迟发展节能环保汽车的主要借口。

1)油品难题

中石油、中石化两家企业表示,在 2009 年 12 月 31 日前才能在全国范围内供应国Ⅲ油品。这成为政府在全国范围内暂缓国Ⅲ政策实施的一个重要原因。不少业内人士在谈到节能减排问题时都提到了油品。没有适合国Ⅲ排放标准的油品,谈何落实国Ⅲ标准?此外,加油站油品质量也有很大问题,这些都将使国Ⅲ标准在具体实施时大打折扣。当前,油品流通领域以罚代管现象较为普遍,全国油品大部分由中石油、中石化生产,其余由许多小炼油厂、土炼油厂生产。也因此,除了各大城市中心区域所提供的油品质量能基本满足标准要求之外,其他区域的油品质量堪忧,柴油质量更是得不到保证。油品差,很难达到严格的汽车排放标准,先进的汽车排放控制技术需要高质量的燃油相匹配使用。我们需要制定各类油品的相关标准和指标,还需加大对油品质量的监管力度。实施国Ⅳ标准,车辆本身要进行技术改进,同时石化行业也要改造升级。中国技术研究中心正在制定相应的油品排放标准,中石化 2013 年 2 月 1 日表示,2014 年起全面供应国Ⅳ标准油品。目前中国各地实行的油品标准也不尽相同。北京实行京Ⅴ标准,上海和江苏、浙江、广东的十多个地市实行国Ⅳ标准,其他地区仍实行国Ⅲ标准。

2)进程过快

从欧洲的排放标准发展历程来看,一般是 5 年一个周期。在中国快则 3 年,慢的也是 4 年更新一次标准,从周期上看,似乎进程过快。加装 OBD 之后,一旦油品质量差,损坏了排放控制部件或导致排放超标,OBD 系统会报警。因此,如果条件不具备,仓促在全国实施国Ⅲ标准,会有问题产生。

中国从 2004 年开始实施国Ⅱ排放标准,截止 2006 年,国内车辆基本都能满足国Ⅱ标准的要求,有些厂商甚至能够达到国Ⅲ和国Ⅳ的标准。至于用户车辆实际是否能满足国Ⅱ和国Ⅲ的标准要求,受到很多方面因素影响:有车辆维护因素;有油品质量因素;有车辆行驶里程因素等。比如出租车一年跑 10 万公里,没有定期维护也没有使用相应的油品,不符合国家标准的考核指标,排放就很有可能超标。所以,对不符合标准规定的车辆怎样进一步完善管理是一个很重要的问题,同时由于车辆不能保证排放终身达标,更换失效的尾气排放控制装置也是一个棘手的问题。

3)OBD 并非全能

车辆加装 OBD 之后(英文 On-Board Diagnostics 的缩写,中文翻译为"车载自动诊断系统"),如果排放超标,它有自动报警的功能。虽然 OBD 是一种有效的车辆排放管理手段,但当前国Ⅲ、国Ⅳ车辆 OBD 功能有限,不能指望 OBD 解决所有问题。此外,没有 OBD 同样可以通过其他手段或制度监控在用车的排放。

练一练,做一做:

(1)查阅资料,了解我国载重汽车和轿车生产采用的排放标准。

(2)为什么我国汽车实施的排放标准比欧美国家低,有哪些因素导致的?

单元二　汽车噪声和电磁污染

一　汽车噪声污染

噪声污染、大气污染和水污染,并称为当今世界的三大污染。随着城市中汽车保有量的增多,车辆噪声对人们生活的影响越来越大。据有关资料表明,城市噪声的75%来源于交通噪声,而交通噪声主要是汽车噪声。它严重地污染着城市环境,影响着人们的生活、工作和健康。所以汽车噪声的控制,是减少城市环境噪声、改善生存环境的主要途径之一。

1 汽车噪声的种类

汽车噪声产生的主要因素是空气动力、机械摩擦和电磁能量。从结构上分,汽车噪声分为发动机噪声、底盘噪声、车身噪声,具体说来,汽车噪声源主要有以下几方面:

1)发动机噪声

发动机噪声可分为燃烧噪声、机械噪声和空气动力噪声,随机型、转速、负荷及运行情况等的不同而有差异。

(1)燃烧噪声:发动机工作时,燃料燃烧所产生的噪声。一般来说,柴油机缸内压力较高,且压力增长率最大值高于汽油机,所以柴油机的燃烧噪声远高于汽油机。

(2)机械噪声:发动机工作时,各零件相对运动引起的撞击,以及零部件振动而引起的噪声称为机械噪声。它与激发力的大小、运动件的结构等因素有关。

(3)空气动力噪声:汽车行驶中,由于气体扰动以及气体和其他物体相互作用而产生的噪声。在发动机中,它包括进气噪声、排气噪声和风扇噪声。

2)底盘噪声

底盘噪声主要包括排气系统噪声、传动系统噪声和制动系统噪声。排气系统噪声是底盘的主要噪声源,主要由排气压力脉动声、气流流过气门和气门座等处产生的涡流声、边界气流扰动产生的噪声、排气口喷流噪声等组成。

传动系噪声主要来源于变速齿轮啮合传动的撞击、振动和传动轴的旋转振动,均属于机械噪声。

行驶系噪声也是底盘噪声中不可忽视的组成,其主要来源是轮胎噪声。轮胎噪声是由轮胎与路面摩擦所引起的,通常由三部分组成:一是轮胎花纹间隙的空气流动和轮胎四周空气扰动构成的空气噪声;二是胎体和花纹部分震动引起的轮胎振动噪声;三是当汽车通过凹凸不平的路面时,凹槽内的空气因受挤压和排放,类似于泵的作用而形成的噪声。另外,轮胎在前进和旋转时搅动周围空气而产生空气振动声,这称为风噪声;在车辆低速行驶时,轮胎的风噪声可以忽略。

3)车身噪声及车内附属设备噪声

主要包括车身的振动和空气与车身的冲击与摩擦而产生的噪声,以及空调或暖风装置工作而产生的噪声。随着最高车速的不断提高,车身板件振动噪声问题日益突出,这是一种由车身壁板结构振动所引起的噪声,在车厢空间建立声场并与车身结构振动相耦合,其噪声能量主要在低频区,给人的感受是一种类似于"轰隆声",造成车内乘员强烈的不舒适感。

2 噪声控制要求及评价指标

1)噪声控制要求

近些年来,世界各国普遍提高了对汽车噪声的控制标准,尤其是发达国家对汽车噪声非常重视。欧共体、日本、美国等从70年代起,每六年左右就修订一次相关法规和标准,使汽车噪声限值有了大幅度降低。虽然我国汽车噪声控制工作从1979年就开始,当时发布了两项国家标准,《机动车辆允许噪声》(GB1495—79)和《机动车辆噪声测量方法》(GB1496—79),但与发达国家相比还存在较大差距,直到2002年我国才又颁布了新的汽车及发动机噪声法规《汽车加速行驶车外噪声限值及测量方法》(GB1495—2002),并作为强制标准加以实施。

2)噪声评价

噪声评价指标主要是指车内、外的噪声值和振动适应性,评价方法可分为主观评价和客观评价。主观评价是顾客对车内外噪声振动的直观感觉,是噪声品质的真实反映,通常根据不同的条件,可采用简单排序法、等级评分法、成对比较法和语义区分法进行主观评价。客观评价是使用通过分析和测量的方法得到噪声和振动的参数来评价其大小和好坏。

3 交通噪声控制措施

1)车外噪声控制

城市经济和交通运输的发展,必然导致城市区域噪声源种类和强度的增加,但是城市总体规划与城市旧区改造、城市道路系统的规划建设与改造,都为改善城市区域噪声环境带来了难得的机遇。城市合理的功能分区,以及完善的、分工合理的道路系统是整个城市区域具有良好噪声环境的前提。

2)制定和实施强制性的管理法规

制定并执行强制性的噪声控制和管理法规是保证城市宁静环境的重要措施。交通噪声源噪声级别高且流动性大,污染范围广。加宽道路、以立交桥代替平面交叉、在城市的主次干道强化对机动车的禁鸣管理、限制车速、在交道口处安置测声器和数字显示器等措施,均可以降低交通噪声级。另外,由于有些居住区的环境噪声级已接近甚至高于工业、建筑施工噪声,亦必须有管理办法严加控制,其中包括加强对居民的环境意识、社会公德的教育。

3)单体建筑设计和技术措施

从噪声环境质量考虑建筑群的总体布局、单体建筑物的设计,乃至建筑物外围护栏结构材料和构造,都可以防止或减弱噪声干扰。

4)噪声屏障的应用

噪声屏障技术在降噪应用中是一种最简单有效的方法。为了避免和减少交通噪声的干扰,可以通过设置不同形式的噪声屏障、障壁建筑物和优化的土地使用规划来达到降噪的效果。

5)从噪声传播途径上采用技术手段控制噪声

噪声的传播一般分为噪声源、传播途径、接受者三个阶段,可分别采用从声源上降低噪声、在传输途径上控制噪声、在接受点阻止噪声的途径控制噪声。

控制噪声就是在噪声到达耳膜之前,在汽车上采取阻尼、隔声、吸声、消声器、个人防护和建筑布局等措施,尽量减弱或降低声源的振动,或将传播中的声能吸收掉,或设置障碍使声音全部或部分反射出去,减弱噪声对耳膜的作用,以达到控制噪声的目的。

练一练,做一做:

你在驾驶车辆行驶过程中,可以采用哪些实用性措施降低车辆的行驶噪声?

二 汽车电磁污染

现代科学研究发现,各种电器和电子设备在使用过程中会产生多种不同波长和频率的电磁波,这些电磁波充斥空间,对人体具有潜在危害。由于电磁波看不见,摸不着,令人防不胜防,因而对人类生存环境构成了新的威胁,被称之为"电磁污染"。

为此,有关专家建议,为了减轻电磁污染及其有害作用,必须注意各种常用电器和电子设备的科学使用。诸如使用时,保持适当距离,尤其是儿童和孕妇更应注意;尽量避免多种电器和电子设备同时开启使用,间断使用时间不可过短,次数不宜过频;注意酌情多吃一些胡萝卜、豆芽、西红柿、瘦肉、动物肝脏等富含维生素 A、C 和蛋白质的食物,经常喝些绿茶等等。这些措施对预防和减轻电磁污染对人体的危害都是颇有助益的。

1 汽车电磁污染的产生

汽车给人们带来空气污染和噪声污染的同时,也同样带来了电磁污染。它的污染源主要是来自汽车发动机点火系统的高压火花放电、汽车继电器触点开闭时所产生的电火花、还有就是汽车上的传感器、执行器的电磁感应以及电动机、各类仪表在工作中电流变化时产生的电磁波等。图6-1所示为车内电磁污染检测。

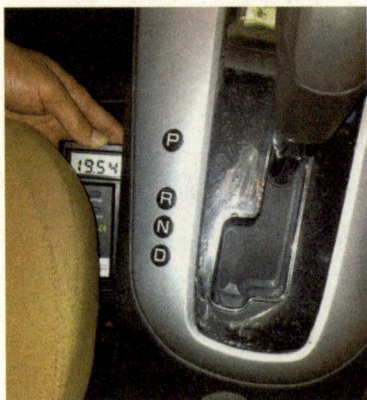

图6-1 汽车电磁污染检测

2 汽车电磁污染对环境的影响

汽车电磁污染对周围环境的影响,最早是因为汽车发动机点火系中的高压电火花而被人们认识的。产生在火花塞上的电火花虽然其电流强度并不大,但由于电压极高,达20000V左右,所以火花能量很大,其产生的电磁辐射干扰对汽车行驶所处位置周围的无线电通信、无线电广播及电视等电磁设备均有不同程度的影响,因此人们将电磁污染列入汽车造成的三大污染之一(排放、噪声、电磁)。国际无线电组织开始对这种高能量脉冲形式的干扰源进行研究并提出了测量方法和限制要求。目前,这种电磁污染的控制要求已被列入到世界各国的技术法规中。经过多年的技术规范,市场上运行的汽车基本实现了点火脉冲电磁波的有效控制。

随着汽车技术的不断进步和发展,汽车电磁干扰的特点及其产生的影响也有了巨大的变化。汽车产生电磁干扰的来源,不单纯是点火系统,大量应用于车辆上的各种电子电器设备也同样产生电磁干扰。车辆产生的电磁干扰不但对车辆外界的无线电设备造成影响,而且也会对车辆内部的各种电子部件造成不良影响。近些年,汽车出现了许多由于车辆内部电磁干扰对车辆的正常运行及安全性和可靠性等产生重大影响的现象,引起了人们的特别关注。

现在很多电控汽车上的某些传感器在传递信号的过程中很容易受到点火高压电的影响而失去原有的作用,所以为了使各种传感器在使用过程中不受到这些电磁污染的影响,部分传感器的信号线上装备了屏蔽线,其作用就是屏蔽掉外界的电磁干扰对传感器信号的影响。屏蔽线在维修过程中很容易被维修工忽略,从而被破坏,有可能造成不可预见的故障,并且很难找出故障原因。

练一练,做一做:

若轿车上改装音响设备,为防止对汽车电子设备产生电磁干扰,应该注意哪些事项?

单元三　汽车废弃物污染

随着汽车行驶里程的增加,汽车的性能将不断变差,将产生大量有害废弃物。有些汽车废弃物不经处理就直接进入废旧物资市场,如图6-2所示。有些则直接排放掉,有些被非法加工点收购后进行简单加工,就直接进入汽车配件市场。汽车废弃物所造成的环境污染、能源浪费和市场危害,远未引起全社会的关注。

一　液体废弃物

汽车液体废弃物主要指机油、制动液和冷却液等。据统计,以石家庄市2003年底机动车保有量做保守估算:机动车保有量达到了90.4万辆,每辆车平均3个月要换1次机油,每年换4次,平均每次1桶,每桶3.5L,算下来全市每年要产生1265.88万L的废机油;按每两年更换1次制动液,1次1桶,每桶1L,全市每年就要产生45.21万L的废制动液;如果按两年更换1次冷却液,1次2桶,每桶3.5L,则全市每

图6-2　旧车处理厂处理废旧汽车场景

年要产生316.47万L的废冷却液。这3种废弃物中,大部分废机油、废制动液和废冷却液被直接排放掉,严重污染地下水。机油含有各种化学添加剂,冷却液是醇类化学品的水溶液,含有色素及各类添加剂并有毒性。

二　废弃制冷剂

汽车空调系统所应用的制冷剂R12中含有氯原子,对大气臭氧层有破坏作用,是蒙特利尔协议书中的第一批禁用物质。制冷剂R134a不含氯原子,对臭氧层无破坏作用,但它会长期停留在大气层中,具有温室效应。因此我们要做好废弃制冷剂的回收工作,但大多数从事汽车空调维修的维修企业,没有制冷剂回收处理设备,有些企业即使有制冷剂回收处理设备,也不在生产过程中使用,而是在维修过程中直接将制冷剂排放到大气中,造成

环境污染。

三 废弃安全气囊

安全气囊的气体发生剂多为叠氮化钠,对人的眼、鼻、喉和皮肤有刺激作用,遇水有爆炸的危险。安全气囊的有效期是10年,一经触发必须更换。

四 废弃三元催化转换装置

为解决尾气排放中的一氧化碳、碳氢化合物、氮氧化物等对环境污染的影响,汽车排气系统上装配了三元催化转换装置,用以减少上述3种有害物质的排放量。但是,由于它的核心物质是用金属铂制造的,铂是重金属,会对环境带来重金属污染。

五 废弃物处理与控制措施

(1)鉴于汽车的各种废弃物和报废时的某些有害物质所造成的环境污染问题,政府应组织交通运输管理部门、环保部门及有关院校和科研单位对汽车维修市场及报废市场进行详细的社会调查,预测并确定各类废弃物的产生数量及流向,分析各类废弃物对环境及社会的危害程度。在此基础上,对汽车维修行业及报废市场产生的废弃物的管理立法,制定各类废弃物回收措施。同时应在汽车维修企业的开业条件中附加有关废弃物回收管理的环保规定,要求汽车维修企业配置有关的回收设备,并强制实施。对于没有回收设备和管理措施的汽车维修企业,不允许从事相应的工作,对违规者加大处罚力度。

(2)应由政府组织对各类废弃物的再生利用进行可行性研究,进而制定再生利用的具体实施办法,设立回收机构并与相关化工企业联手,对各类污染废弃物进行再生利用。

练一练,做一做:

(1)试想一想,除了本书中所提及的汽车污染外,在汽车上还有哪些污染会对人体产生危害?

(2)查阅资料,试述汽车尾气排放与PM2.5之间的联系?

(3)查阅资料,了解汽车三元催化转换装置中有哪些稀有金属,其废弃后对环境有何影响?

思考与练习

一、填空题

1.汽车尾气排放中,对环境危害最大的污染物有_____、_____、_____以及_____。

2.柴油发动机排放出的PM主要来源于_____、_____和_____。

3.汽车OBD的作用是_____

4._____污染、_____污染和_____污染,并称为当今世界的三大污染。

5.汽车噪声产生的主要因素是_____、_____和_____。从结构上分,汽车噪声分为_____噪声、_____噪声、_____噪声。

6.噪声评价指标主要有_____和_____,评价方法可分为_____评价和_____评价。

7.噪声的传播一般分为_____、_____和_____三个阶段。在每个阶段采取不同措施,可以有效降低噪声的传播。

二、简答题

1.汽车尾气排放中的污染物主要有哪些? 对环境及人体有哪些危害?

2.简述控制汽车排放的措施有哪些?

3.汽车排放标准的提高有何现实意义?

4.控制城市交通噪声的措施有哪些?

5.汽车上的噪声污染源如何产生的?

6.在我国汽车废弃物一直没有很好的被处理和回收,你认为是什么原因导致的? 有何较好的方法和措施?

项目七 汽车未来

项目描述

汽车的出现彻底改变了人类社会,但与此同时也带来了环境污染、能源消耗、城市拥挤、交通事故等一系列的问题,而汽车的发展也从未停步,谋求更加美观、经济、低耗、安全、稳定的汽车一直是汽车发展的方向和目标。

学习目标

1. 了解未来汽车的发展趋势;
2. 了解汽车质量轻量化技术的途径;
3. 了解汽车电子控制系统的发展历程;
4. 了解新能源汽车的类型和发展特点。

建议课时

6课时。

结合各国政府关于交通、能源的规定,未来汽车的发展趋势集中体现在以下几个方面。

(1)乘用车柴油化的比例将越来越高。随着柴油机技术的不断发展,特别是小型高速直喷式柴油机技术的日趋完善,使其较汽油机更为经济、排放更低,因此装用柴油机的车型将越来越受欢迎。有专家预测,10年以后,世界乘用车市场柴油机化的比例将超过50%。

(2)电动汽车将进入实用阶段。随着低价格、高能量和长寿命新型电池的研究发展,以及人们对环保的强烈呼声,电动汽车将越来越多地在各大城市取代石油能源汽车成为一种代步工具。

(3)汽车安全标准将会更加严格。为保证汽车安全,今天选装或正在研发的许多安全装置,如ESP、智能气囊(含侧面)、三点自动上肩式安全带、防侧撞杆等均将逐渐成为标准装备。

(4)汽车排放控制标准将会更加严格,以求达到节能、减排的目的。国际上目前正在开展汽车排放技术法规全球一体化工作,将针对世界不同区域的地理和气候环境特点,相应地规定限值指标。

(5)降低油耗将成为各大汽车制造厂商制胜市场的首选课题。随着国际燃油价格的不断攀升,低使用成本的低油耗车型成为市场的宠儿。

(6)使用更多替代钢、铁的轻质材料,以降低车辆自重。铝合金、镁合金、工程塑料及碳素纤维等轻质材料在汽车制造上的应用将越来越多。

（7）各种电子、电控、智能装置将越来越多地应用在汽车上。如电子防盗门锁、电控可变正时技术、智能驾驶等。

（8）通信、网络技术在汽车上应用越来越普遍。如在美国最新型号的重卡上，已安装将 GPS、GIS、通信、计算机、物流技术融为一体的车辆跟踪和调度管理系统，不仅为交通运输业提供卫星定位、双向通信、网上发布（车、货）动态信息，使货主能通过因特网方便地查询托运货物的动态情况，还能够与企业现有的调度、财务和仓储等系统集成，实现物流管理的一体化和全面自动化。

（9）重型载货汽车向高吨位发展。在 20 世纪 50 年代，重型载货车的最大功率约150kW（近 200hp），90 年代末已提高到最大功率约 440kW（近 600hp），40 年内提高了 3倍。有专家预测，在未来的 50 年内，重卡的最大功率将达到 735kW（1000hp），汽车总质量将达到 100t！

单元一　汽车质量轻量化技术

汽车在给人们的出行带来方便的同时，也产生了油耗、安全和环保三大问题。为了应对这三大问题，各国政府都提出了相应的措施。包括制定条令法规，如油耗法规、安全法规以及排放法规。汽车工业界一致认为，汽车轻量化是满足上述三个法规的有效手段和方法。

汽车轻量化是指汽车在保持原有的行驶安全性、耐撞性、抗振性以及舒适性等性能不降低，且汽车本身造价不被提高的前提下，有目标地减轻汽车自身的重量，它是设计、材料和先进的加工成型技术的优势集成，是一个系统工程。

试验表明，汽车质量每减轻 10%，油耗下降 6% ~ 8%，排放量下降 4%。同时汽车轻量化直接提高汽车的比功率，使汽车的动力性能提高。油耗的下降，意味着 CO_2、氮氧化物（NO_x）等有害气体排放量的下降。据报道，在美国汽车质量如果减少 25%，燃油消耗按减少 13% 计，一年可节省 2.7 亿桶石油；每消耗 1L 燃油，将产生 CO_2 2 ~ 2.5kg，而燃油消耗的降低，意味着温室气体和其他有害气体排放的下降。因此，汽车轻量化技术是有效降低油耗、减少排放和提升安全性的重要技术措施。

汽车轻量化，减小了汽车动力和动力传动系统的负荷，能在较低的牵引负荷下表现出同样或更好的性能。其技术主要内容包括材料轻量化、设计轻量化、结构轻量化相结合的方式。

一 材料轻量化

1 板材材料的轻量化

即通过钢板的替代材料或者轻金属材料来使车身轻量化，替代材料是以高强度钢板替代普通低碳冷轧钢板，其基本力学性能、冷冲压成型、烘烤硬化、抗凹、焊接、疲劳强度、抗腐蚀和外观质量等方面均优于普通低碳冷轧钢板，成本低于铝镁合金，使高强度钢板成为未来汽车结构材料的主体。

高强度钢板主要用于制作车身外板、车身内板以及车身结构件。其材料强度提高增加了安全性，覆盖件抗凹性的改善提高了商品性，板厚减薄使汽车结构轻量化。目前国际主流车型的高强度钢占车身的比例已普遍达到70%以上。高强度钢板在车身上使用的具体部位和其所起作用见表7-1。

高强度钢板的应用和作用　　　　　　　　　　　　表7-1

构件使用过程中可能承受的变形	用高强度钢板制造的零件	希望的零件性能
大的塑性变形	保险杠、加强板、门、防撞柱	高的压溃强度
	边梁、加强筋	高的撞击吸收能量
小的塑性变形	车顶盖、门、燃油箱盖板	高的抗压能力
非常小的弹性变形和塑性变形	车身边梁、横梁	高的弹性模量值
非常小的变形	边梁、车轮	高的疲劳强度

　　轿车自重的25%在车身，车身材料的轻量化举足轻重。大众速腾车身超过60%的超高强度和高强度钢的应用大大提高了碰撞安全性能。车门框架为三层钢板(图7-1)，中间一层高强度热成型钢板厚度达到2mm，相当于普通车身钢板的3倍。当发生碰撞时，车门吸收强烈撞击产生的巨大能量，大大提高了安全性。

　　新马自达6的车身结构中使用了高强度钢板(图7-2)，这不仅增加了车体强度和刚性而且降低了钢板厚度，大大减轻了车身重量。

1480MPa
980MPa
780MPa
590MPa

• 更大的侧梁主区域
• B柱环形结构进行了加强
• C柱/行李舱挡板处环形结构进行了加强

图7-1　大众速腾车身三层整体车门　　　　　图7-2　新马自达6的车身高强度钢使用

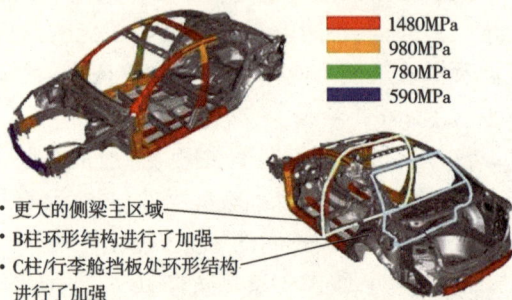

　　近年来国内的汽车厂家也逐渐采用高强度钢板，例如奇瑞公司在其开发的车型上使用DP340的高强度钢的应用比例已达45%，部分车型达50%。东风汽车公司在商用车车架上采用了屈服强度700MPa级高强度钢替代抗拉强度为510MPa级材料，通过结构优化实现主梁减重38kg，加强梁减重170kg，合计减重208kg，成本降低600多元，并且在车箱轻量化方面采用了700MPa级高强度钢板替代Q235生产标准车箱，实现减重20%~37%。吉利的NL-1车型的白车身采用高强度钢板、超高强度钢板等材料后，重量降低36kg。

2 零部件的材料轻量化

　　轻金属替代钢铁材料是汽车发展的重要方向。铝、镁、钛合金材料是所有现用金属材料中密度较低的轻金属材料(镁合金约1.74g/cm³，铝合金约2.7g/cm³，钛合金约4.51g/cm³，而钢的密度约7.8g/cm³)，因而成为汽车减轻自重，提高节能性和环保性的首选材料。表7-2为美国轿车平均自身质量变化情况。

美国轿车平均自身质量变化情况　　　　　　　　表7-2

时间	1970	1980	1990	1995	21世纪
自身质量/kg	1585	1375	1312	1270	1200

1）铝合金

铝合金具有良好的物理和化学性能,工业生产中的铸、锻、冲压工艺均能适用,是可采用多种铸造工艺制造零件的少数几种金属材料之一,最适于应用广泛的压力铸造工艺。铝的密度约为钢的 1/3,是应用最广泛的轻量化材料。目前,全世界耗铝量的 12%~15% 以上用于汽车工业,有些发达国家已超过 25%。欧洲铝协(EAA)预测在 2015 年前,欧洲小汽车用铝量将增至 300kg/辆。图 7-3~图 7-6 为铝合金在汽车上的各种应用。

图 7-3　北极星 V8 铝合金发动机

图 7-4　马自达铝合金轮毂

图 7-5　2011 款奥迪全铝车身框架

图 7-6　捷豹 XJ 铝合金车身

从表 7-3 可知,与使用传统钢铁材料的汽车相比,现代汽车每使用 1kg 铝,可减轻自重 2.25kg,减重效应高达 125%,在汽车整个使用寿命周期内可减少废气排放 20kg。此外,铝回收简便,是除钢铁以外能最大限度回收利用的材料,几乎 90% 的汽车用铝可以回收并循环利用。缺点是铝合金的成本高于钢铁材料。

2）镁合金

镁的密度约为铝的 2/3,在实际应用的金属中是最轻的。镁合金的吸振能力强、切削性能好、金属模铸造性能好,很适合制造汽车零件。目前,国外镁合金件在汽车上的应用,以年平均 25% 的速度增长,正向着大型集成化发展。

镁合金大部分以铸造件、塑性件的形式在汽车上应用,主要应用如表 7-4 所示。

镁合金主要优点:

(1)质量轻:与锌制转向柱上支架相比,镁制件降重 65%;与钢制转向轮毂相比,镁制件降重 45%;与全铝汽缸盖相比,镁制件降重 30%;与钢制冲压焊接结构制动踏板支架相比,整体的镁铸件降重40%。

铝材代替铸铁和钢材零件的质量对比(单位:kg)　　　表7-3

零件名称	铸铁件质量	铸铝件质量	质量比 (铁:铝)	零件名称	钢件质量	铝件质量	质量比 (钢:铝)
进气歧管	3.5~18.0	1.8~9.0	(1.9~2):1	前后上操纵杆	1.55	0.55	2.8:1
汽缸体	80~120	13.5~32.0	(3.8~5.9):1	悬架支架	1.85	0.70	2.6:1
发动机罩	18~27	6.8~11.4	(2.4~2.6):1	转向操纵杆	2.10	1.10	1.9:1
转向器壳件	3.6~4.5	1.4~1.8	(2.5~2.6):1	万向接头	6.95	3.90	1.8:1
变速器壳件	13.5~23.0	5.0~8.2	(2.7~2.8):1	托架	0.19	0.12	1.6:1
制动鼓	5.5~9.0	1.8~3.6	(2.5~3.1):1	吸振轴承	0.185	0.13	1.4:1
水泵壳	1.8~5.8	0.7~2.3	(2.5~2.6):1	悬架支架轴承	0.30	0.14	2.1:1
油泵壳	1.4~2.3	0.5~0.9	(2.8~2.6):1	转向杆轴承	0.37	0.28	1.3:1

国外汽车用镁合金的主要部件系统　　　表7-4

部件系统	零件名称
车内构件	仪表盘、座椅架、座位升降器、操作台架、气囊外罩、转向盘、锁合装置、转向柱、转向柱支架、收音机外壳、小工具箱门、车窗电动机罩、制动器与离合器踏板托架、气动踏板托架
车体构件	门框、尾板、车顶板、IP横梁
动力传动系统	阀盖、凸轮盖、四轮驱动变速器壳体、离合器外壳与活塞、进气管、油底壳、交流发电机支架、变速器壳体、齿轮箱壳体、机油过滤器接头、起动机罩、前盖、汽缸头盖、分配盘支架、汽油泵壳体、油箱、滤清器支架、左侧半曲轴箱、右侧半曲轴箱、空压机罩、左抽气管、右抽气管
底盘系统	轮毂、发动机托架、前后吊杆、尾盘支架

(2)高减振特性:镁合金材料具有较高的阻尼系数,是铝合金的15倍,钢的60倍。

(3)高热传导率:对汽车来说,镁合金轮毂具高热导率(较铝合金轮毂略差),可降低制动系统温度,延长轮毂使用寿命。

(4)提高汽车性能:较轻的镁合金轮毂有利于改善汽车的加速与制动性能。

(5)改善燃油效率与降低污染。

(6)较高的刚性:同铝合金件相比,镁合金件刚性大幅提高,因为镁合金件壁厚增加但对重量影响不大。

镁合金件主要缺点是:镁合金零件的防腐技术尚未全面掌握,成本过高。

3)钛合金

钛的密度为$4.5g/cm^3$,具有比强度高、高温强度高和耐腐蚀等优点,是替代钢铁的轻量化和高性能材料。目前由于钛的价格昂贵,至今只在赛车和个别豪华车上少量应用,如图7-7、图7-8所示。

4)其他材料

(1)陶瓷材料:主要包括特种陶瓷、纳米陶瓷和陶瓷基复合材料三种。应用于汽车零部件后,能减轻车辆自重、提高发动机热效率、降低油耗、减少排气污染、提高易损件寿命和完善汽车智能性功能等。

图 7-7 钛合金汽车连杆

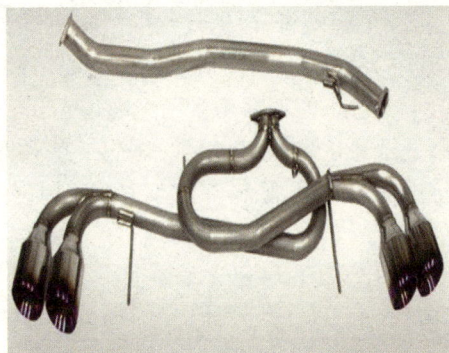

图 7-8 钛合金排气系统

特种陶瓷的强度和硬度高、密度低、耐腐蚀、耐磨和耐热性强,抗拉和弯曲强度可与金属相媲美;但是特种陶瓷加工困难、质脆、成本高、可靠性差。主要用于汽车的各种耐磨耐高温零件,如活塞、汽缸、配气机构零件等,其蜂窝多孔结构可用于各种传感器(图 7-9)、减振器、消声器和催化转化器载体等。

纳米陶瓷较特种陶瓷强度、韧性和超塑性大为提高,烧制温度降低,加工和切削性优良,生产成本稍低,耐磨性、耐高温高压性、抗腐蚀性、气敏性优良;主要应用于连杆、推杆、轴承、汽缸内衬、活塞顶、氧传感器材料、高温燃料电池及防震的陶瓷弹簧,也可用于纳米陶瓷涂层、纳米汽油、润滑剂等。图 7-10 所示,三菱汽车活塞环表面渗纳米陶瓷层后,使用寿命均在 20 万 km 以上。

图 7-9 陶瓷爆震传感器

图 7-10 三菱汽车活塞环

陶瓷基复合材料是在陶瓷基体中加入强化材料构成的复合材料,其强度和韧性较高,该材料的综合机械性能较好;主要用在耐磨、耐蚀、耐高温以及对强度、比强度有较为特殊要求的部件。图7-11 所示,保时捷的复合陶瓷制动系统(PCCB)制动盘表面的摩擦系数比铸铁高 25%,可提供充足的制动力,活塞与摩擦片之间的陶瓷隔热体,可以在 800℃下正常工作;在增强制动性能的同时,车重降低 20kg。

图 7-11 保时捷 PCCB 复合陶瓷制动盘

（2）工程塑料：以塑代钢的塑料零部件可减轻整车质量，是汽车轻量化的重要轻质材料，其中75%的塑料还可以循环再利用，可以大幅降低能源消耗和推动环保进程。目前世界上不少轿车的塑料用量已经超过120kg/辆，个别车型还要高，德国奔驰高级轿车的塑料使用量已经达到150kg/辆。国内一些轿车的塑料用量也已经达到90kg/辆。随着汽车轻量化进程的加速，塑料在汽车中的应用将更加广泛。发达国家已将汽车用塑料量的多少，作为衡量汽车设计和制造水平的一个重要标志。工程塑料在车上具体应用如表7-5、图7-12、图7-13、图7-14所示。

工程塑料在汽车上的应用　　　　　　　　　　　　　　　　　　　　　表7-5

塑料名称	在汽车上的应用
聚丙烯（PP）	保险杠、仪表盘、门内饰板、空调零部件、蓄电池外壳、冷却风扇、转向盘
ABS树脂	收音机壳、仪表壳、制冷与采暖系统、工具箱、扶手、散热格板、变速器壳体、内护板、反射镜壳体
聚氯乙烯PVC	电线电缆包材、外装材料、地板垫、嵌材
聚氨酯（PUR）	座椅、仪表板、翼子板、车内地板、遮阳板、减振器、护板、保险杠
聚乙烯（PE）	内护板、地板、油箱、行李架、刮水器、扶手骨架
聚碳酸酯（PC）	保险杠、前端板、车门把手、挡泥板、前灯
聚酰胺（PA）	散热器盖、衬套、齿轮、传动带轮、汽缸盖、水泵叶轮
聚甲醛（POM）	加载齿轮、燃油系统、电气设备系统、各种轴承、衬套
热塑性聚酯（PBT、PET）	汽车保险杠、汽车反射镜外壳、车外部把手、安全气囊通电部件、雾灯、音响喇叭、顶棚

图7-12　工程塑料应用于汽车内饰　　　　图7-13　工程塑料应用于汽车照明组件

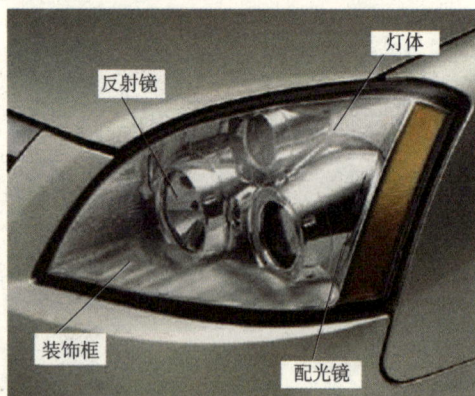

图7-14　工程塑料应用于汽车门窗升降器、进气歧管以及发动机罩盖

（3）纤维增强材料：纤维增强材料主要分为玻璃纤维增强塑料（GFRP）、碳纤维增强塑料（CFRP）和纤维增强金属（FRM）三种。玻璃纤维增强塑料（GFRP）常用的有片状/块状模压复合塑料（SMC/BMC）、玻璃纤维毡增强热塑性材料（GMT）和树脂传递模塑材料（RTM）等。

SMC是用低黏度的树脂复合物浸渍片状玻璃纤维而制成的片状模压塑料复合材料。主要应用在车身及车身部件、内装饰部件、发动机盖下部件、悬架零件等。其中发动机罩盖、车顶、保险杠是最重要、产量最大的SMC部件。与钢质零件相比，SMC生产周期短，便于汽车改型，投资效益好；质量较轻（美国通用汽车公司生产的SMC车门比钢门减轻了18.1kg），节约燃油；设计自由，制件整体性好，零件数量少；耐用性和隔热性好。不足之处是SMC不可回收，污染环境，一次性投资往往高于对应的钢质件。

GMT是一种以热塑性树脂为基体，以玻璃纤维毡为增强骨架的复合材料。主要应用于生产电池托盘架、保险杠（图7-15）、座椅骨架、前端组件、仪表板、车门模块、行李舱盖、挡泥板、地板、隔声板、发动机罩、备胎箱、气瓶隔板、压缩机支架等。具有质量轻（宝马公司采用GMT代替原来的金属材料制造M3运动轿车的保险杠将质量至少减少了60%）、强度高、耐腐蚀、易成型的特点；与SMC相比，韧性好、成型周期短、生产效率高、加工成本低和可回收利用，被视为21世纪绿色材料。

图7-15　GMT材质的汽车保险杠

RTM材料（图7-16）是在模具型腔中预先放置玻璃纤维增强材料，闭模锁紧后，注入树脂胶液浸透玻纤增强材料，固化得到的复合材料。主要应用于乘用车车顶、行李舱盖、侧门框和备胎舱，以及卡车的整体驾驶室、挡泥板和储物箱门等。与SMC相比，模具成本低，机械性能好；方向性和局部性增强，污染小、生产效率低于SMC，一般情况下较适合于多品种、小批量的产品。

CFRP是适于制造汽车车身、底盘等主要结构件的最轻材料。可使汽车车身、底盘质量减轻40%～60%，相当于钢结构质量的1/3～1/6。有足够的强度和刚度，很好的耐蠕变性能、耐腐蚀性能、耐磨性；导电、X射线穿透性好，电磁屏蔽性好，振动衰减快、传导小。不足之处是CFRP的价格高昂，目前仅在部分赛车（图7-17、图7-18）、重卡、混合动力车的个别零部件上应用。美国、欧洲、日本等正在研究廉价碳纤维原丝和碳纤维的低成本、高速率的生产工艺。

图7-16　ASTON MARTIN跑车的RTM车身侧围板

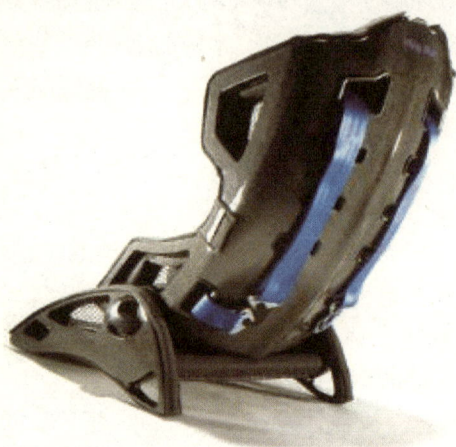

图7-17　CFRP 座椅

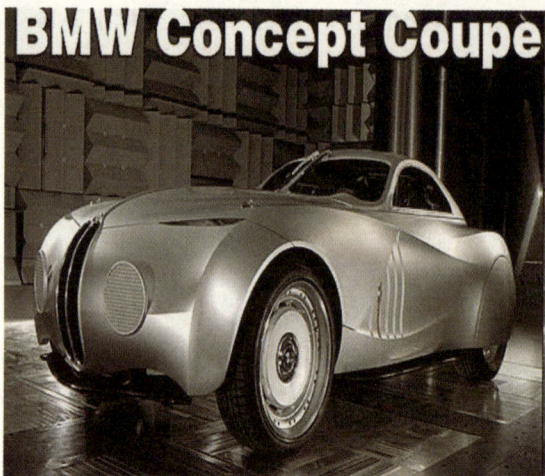

图7-18　宝马 CFRP 车身

常用的 FRM 主要有铝基复合材料和镁基复合材料,增强材料主要是陶瓷纤维、碳纤维或 SiC 颗粒。FRM 具有高的比强度和比刚度、耐磨性好、导热性好、热膨胀系数小等特性。在汽车上主要应用于汽车制动盘、制动鼓、制动钳、活塞、传动轴以及轮胎螺栓等。铝基复合材料应用于制动盘,使质量减少了 30% ~ 60% ,导热性好,最高使用温度可达到 450℃

（4）蜂窝夹芯复合板材:图 7-19 所示,蜂窝夹芯复合板材是由两层薄而强的面板材料,中间夹一层厚而极轻的蜂窝夹芯组成。钢质蜂窝夹芯板可用于汽车零件(图 7-20),质量可减轻 35% 左右;可用于开发防弹材料,应用于运钞车、装甲车等;还可做散热器芯和减振夹芯板;夹芯结构在汽车上已经有了较多应用,大部分是用于车身外蒙皮、车身结构、车架结构、保险杠、座椅、车门等处。具有刚性大,质量减轻效果明显,抗振、隔热、隔音性良好,非常合适承受非集中载荷。

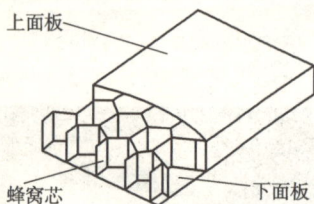

图7-19　蜂窝夹芯复合板典型结构

图7-20　玛莎拉蒂 MC12 承载式底盘采用碳纤维和 NOMEX 蜂窝夹层结构制造

（5）其他非金属材料:高强度结构发泡材料具有质量轻、易制作复杂形状、加强效果明显等优点。法国雪铁龙 Picasso C4 和 OPELAstra 等采用预埋在接头处的高强度结构发泡材料来提高整车刚度。

以大麻和聚胺醋为原料的合成材料,除具有金属和玻璃纤维各自的优点外,价格更便宜,质量更轻,韧度更强,而且可以生物降解。

将纺织技术和现代复合材料的成型技术相结合的纺织复合材料,有效地克服传统复合材料的取向性和层合材料的面内力学性能不均匀、损伤容限低等缺点。在汽车工业中的应用越来越广泛。

二 结构设计轻量化

据统计,客车、轿车和多数专用汽车车身的质量约占整车质量的40%～60%。因此对车身的结构进行优化设计,实现结构设计轻量化的空间是比较大的。车身结构轻量化即结构优化设计,即通过采用先进的优化设计方法和技术手段,在满足车身强度、刚度、模态、碰撞安全性、疲劳寿命、NVH(振动噪声)、车身结构可制造性、生产成本等诸多方面的性能要求,以及相关的法律、法规、标准的前提下,通过优化车身结构参数,提高材料的利用率,去除零部件冗余部分,同时又使部件薄壁化、中空化、小型化、复合化,以减轻重量,实现轻量化。

汽车结构的轻量化设计与优化主要包括:

(1)通过CAD来优化设计汽车结构,减少车身重量和钢板厚度,使部件薄壁化、中空化,小型化及复合化达到轻量化目的,采用CAE技术计算汽车强度和刚度,确保减重后整车的性能。

结构小型化即采用小排量发动机,降低整车尺寸和总质量,从而实现节约能源,达到轻量化、低排放、低成本的目的。

实现在满足使用性能不变前提下的结构小型化,并不是让用户在牺牲汽车动力性能的情况下选择微型车、小型车。小型化的对象是B级以上的C、D、F级的中级、中高级和高级乘用车。措施是综合采用各种现代发动机技术和整车技术,将车辆上的部件充分小型化、轻量化,从而降低车重,减小部件所占空间,使较低一级车的各项性能达到或接近较高一级车的性能指标。

(2)开发设计车体和部件更趋合理化的中空型结构。主要途径就是在结构上采用"以空代实",即对于承受以弯曲或扭转载荷为主的构件,采用空心结构取代实心结构,同时优化结构布局,使之更加紧凑,这样既可以减轻重量,节约材料,又可以充分利用材料的强度和刚度。

(3)在轻量化与材料特性、工艺性、生产批量、成本及其他制约因素中找到一个最佳的结合点,实现多材料组合的轻量化结构,强调合适的材料用于合适的部位,借以CAD/CAE计算机辅助技术,使结构轻量化设计与优化融入开发前期,缩短开发周期,降低成本,确保汽车轻量化的效率和质量。

三 轻量化先进成型技术

1 高强度钢板先进成型制造技术

目前高强度钢板主要的先进成型制造技术包括热冲压成型、液压成型、激光拼焊成型和管材内高压成型等。热成型技术广泛应用于汽车上的各类强度高达1500MPa的汽车前后保险杠和碰撞件的加强件,为汽车轻量化和提高安全性做出了突出贡献。德国大众汽车公司在其开发的Passat B6车型中就对大部分车身零件采用了热冲压成型技术,其典型应用为侧边防撞杆,前后保险杠防撞梁,横梁和边梁,A、B、C柱增强件和腰部导轨增强件等。奇瑞公司开发的热冲压成型零件有B柱加强板、前保险杠横梁、A柱加强管、车门防撞梁等,使整车安全性得到显著提高。但由于热成型零部件应用还存在成本的问题,因此在低端经济型轿车上应用还存在一定的困难。

2 铝、镁合金等轻金属材料先进成型制造技术

铝、镁合金等轻金属材料先进成型制造技术主要有半固态成型、高真空压铸、等温挤压、等温锻造等,每种成型制造技术都通过计算机仿真设计极大地改善轻质合金的精确高效成型性能,可实现高精度、高效率的精确成型制造,获得预期的材料组织性能与成型质量。

四 汽车轻量化的技术路径

(1)对部件的优化设计主要包括最优的承载路径,均匀化的结构和优化的几何形状。

(2)在制造工艺方面主要是采用激光拼焊板、深拉延件和液压成型、轻量化的铸件,先进的点焊和激光拼焊等连接技术,以及铝合金板材的自铆技术和翻边连接技术,热成型与液压成型技术以及滚压成型技术;解决高强度零件的成型,减少零件数量,减少结构的焊点,提高零件的性能。

(3)在材料技术方面,采用高强度钢和先进高强度钢、铝合金与镁合金、不同材料的复合应用技术、纤维增强复合材料的应用等,最终达到开发时间最短、成本最低和白车身性价比最佳的目标。

在轻量化工程实施时,运用计算机优化设计是有效手段,可实现几何形状、加载路径的优化预测成型性和疲劳寿命,从而减少试制时间和缩减实验次数;并可对被动安全性、撞击时的载荷路径和变形进行模拟,从而可以优化选材和制造工艺以及使用先进的成型技术。

练一练,做一做:

(1)任选一款常用车辆,说明其中哪些元件采用质量轻量化技术?

(2)车辆质量轻量化后,车辆哪些方面的性能有所改善?

单元二　汽车电子控制技术

现代汽车不仅是一个代步工具,它同时具备了交通、娱乐、办公和通信等多种功能。汽车的电子化使汽车进入了数字化时代,现代汽车的主题仍将是环保、节能、安全、便捷和舒适。汽车技术的快速发展,为汽车向电子化、智能化、网络化和多媒体化的方向发展创造了条件。

一 汽车电子控制系统发展历程

汽车电子化程度已成为衡量汽车技术水平和先进性的重要标志,其性能的好坏直接影响到汽车的动力性、经济性、安全性、可靠性、舒适性及排放性。

汽车电子技术发展大体可分为四个阶段:

（1）第一阶段:20世纪50年代初至70年代初,主要是开发由分立元件和集成电路组成的汽车电子产品,应用电子装置代替传统的机械部件,如集成电路调节器、电子点火器等;

（2）第二阶段:20世纪70年代中期至80年代中期,主要是发展专用的独立系统,电子装置被应用在某些机械装置所无法解决的复杂控制功能方面,如:电控燃油喷射系统、制动防抱死系统等;

（3）第三阶段:20世纪80年代中期至90年代中期,主要是开发可完成各种功能的综合系统及各种车辆整体系统的微机控制,汽车上的电子装置不仅已能自动承担基本控制任务,而且还能处理外部和内部的各种信息,如发动机控制与自动变速器控制为一体的动力传动控制系统、制动防抱死与防滑转向控制系统等;

（4）第四阶段:20世纪90年代中期开始至今,主要是研究发展车辆的智能控制技术,模拟人的思维和行为对车辆进行控制,如:汽车自动导航系统、自动驾驶系统等。

练一练,做一做:

查阅资料,了解现在生产的轿车上还采用了哪些智能控制技术?

二 汽车电子控制系统发展趋势

1 应用呈现多样化、一体化、集成化和网络化的特征

1)功能多样化

从最初的发动机电子点火与喷油,发展到如今的各种控制功能,如自动巡航、自动启停、自动避撞等。

2)技术一体化

从最初的机电部件松散组合到如今的机电液磁一体化,如直喷式发动机电控共轨燃料喷射系统。

3)系统集成化

从最初单一控制发展到如今的多变量多目标综合协调控制,如动力总成综合控制、集成安全控制系统等。

4)通信网络化

从初期的多子系统分别工作到如今的分布式模块化控制器局部网络,如以CAN总线为基础的整车信息共享的分布式控制系统,以及以无线通信为基础的远程高频网络通信系统。

2 汽车电子系统趋向计算平台发展

功能综合集成,如车身控制模块将取代单项控制系统;数字化控制取代模拟控制,多台微处理器协同工作,实现既有独立运行、又有协同功能的数据共享;硬件通用、高速,软件专业化,以软件功能提升硬件功能;无线技术与有线技术相结合,内外信息高速传输,实现车辆控制智能化。

练一练,做一做:

查阅资料,了解汽车CAN总线系统的基本功能。

三 汽车电子控制系统基本介绍

(一) 发动机电子控制技术

1 废气涡轮增压器

增压器是一种提高发动机进气能力的技术。通过废气涡轮增压器 (Tubro)，利用发动机排出废气的惯性冲力，图 7-21 所示，预先对进入汽缸的气体进行压缩，提高进入汽缸的气体密度，增大进气量，更好地满足燃料的燃烧需要。在不增加发动机排量的基础上，可大幅度提高功率和扭矩。

2 机械增压器

机械增压器的压缩机直接被发动机的曲轴带动，如图 7-22 所示，它的优点是响应性好，但是它本身需要消耗一部分能量。机械增压不能产生特别强大的动力，尤其是在高转速时。它响应性好是指没有涡轮的迟滞现象，可以在任何时候都能源源不断地输出较大转矩，但高转速时会产生大量的摩擦，从而影响到转速的提高，并且噪声大。

图 7-21 废气涡轮增压发动机

图 7-22 机械增压发动机

3 汽油直喷技术 (GDI)

汽油直喷技术，图 7-23 所示，就是将汽油通过高压 (约 10MPa) 供油系统将汽油直接喷到燃烧室内与空气混合、燃烧。与传统的多点喷射汽油机相比，GDI 有以下的优点：能有效降低发动机的未燃碳氢化合物的排放，极大地提高了燃油与空气的混合程度，更为精确地控制了每个燃烧循环的空气与燃油的比例，从而达到缸内完全燃烧的目的；使汽油在燃烧室内雾化、蒸发，降低了燃烧室内空气的温度，从而改善了燃烧室内空气的质量；因为汽油蒸发降低了充气温度，可以提高发动机的压缩比，增大发动机的热效率。

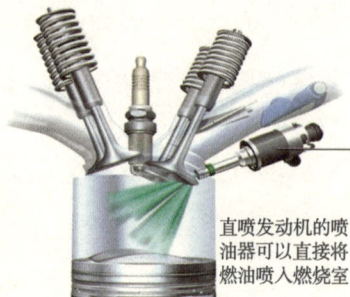

直喷发动机的喷油器可以直接将燃油喷入燃烧室

图 7-23 汽油直喷技术

4 共轨柴油喷射系统 (CDI)

共轨柴油喷射系统是近年来工程师们开发的一种

新技术,如图 7-24,它将喷射压力的产生和喷射过程完全分开。电磁阀控制的喷油器替代了传统的机械式喷油器,燃油共轨管中的燃油压力由一个径向柱塞式高压泵产生,压力大小与发动机的转速无关,可在一定范围内自由设定。采用共轨燃油喷射技术的柴油机车辆,较之电控汽油发动机车辆,燃油经济性更佳。

5 可变气门正时技术(VVT)

可变气门正时技术,如图 7-25 所示,是发动机气门升程和配气相位可以根据发动机工况作实时的调节,在一台发动机上同时兼顾了低速大转矩与高速大功率的问题。可变气门正时技术加上先进的发动机控制策略,可以巧妙地实现可变压缩比:在大负荷时,发动机容易自燃引起爆震,通过推迟进气门关闭时间可达到降低有效压缩比的目的,从而避免爆震。而在中小负荷时,爆震不再是问题,可以通过调整气门关闭时间达到提高有效压缩比的目的,从而使发动机在中小负荷时有较好的热效率。发动机采用可变气门正时技术可以提高进气充量,使充量系数增加,发动机的扭矩和功率得到进一步的提高,同时排放品质也可达到更好的水平。它的特点是在大幅提高了燃油经济效率的同时增加了发动机的功率,但对油品的要求十分苛刻。

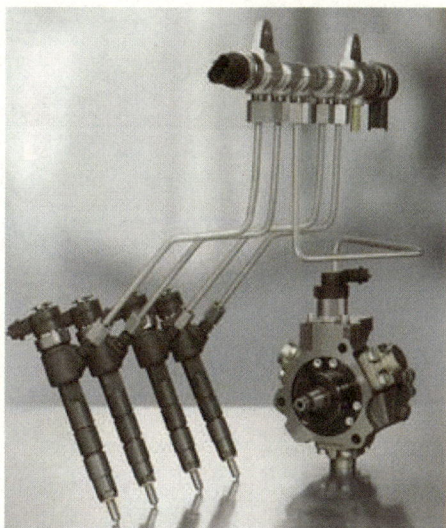

图 7-24 共轨柴油喷射系统

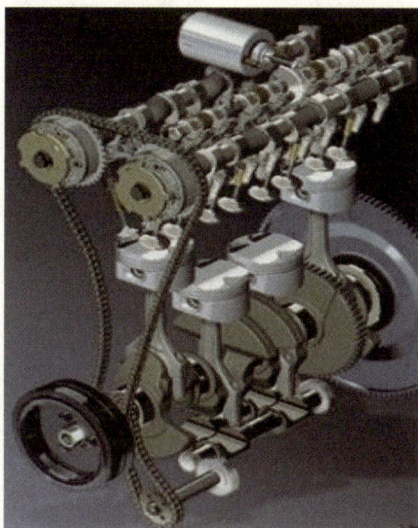

图 7-25 可变气门正时技术

6 可变排量技术

可变排量技术,如图 7-26 所示,就是根据汽车动力的需求来实时决定发动机的有效排量,使做功的汽缸总是处于全负荷状态,从而达到节能环保的目的。这一技术适用于中大排量、V 型布置的发动机,如本田的 V6、通用的 V8 等。美国福特汽车公司利用最先进的电脑控制技术,开发出可变排量发动机(VDE),并准备将这种发动机安装在福特汽车公司生产的轿车和货车上,以改善汽

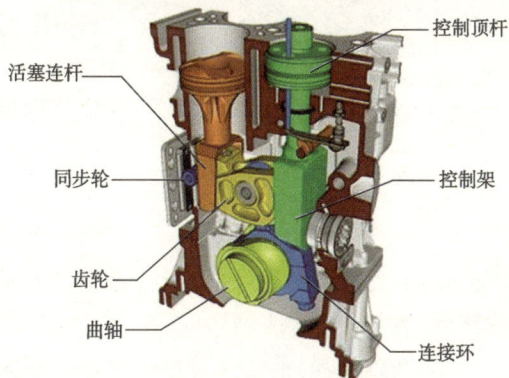

控制顶杆
活塞连杆
控制架
同步轮
齿轮
曲轴
连接环

图 7-26 可变排量发动机局部结构示意图

车的燃油经济性。对于12缸发动机来说,采用这种技术,相当于安装了两个独立的6缸发动机,可以根据驾驶的需要让一台发动机运行,而让另一台处于停机状态。这样,就可以随时调整发动机的排气量,从而减少能源的消耗。

7 汽缸节能技术

梅塞德斯-奔驰在其2001年V12S级高级轿车和CL单排座双门厢式车身小轿车上装备了节能汽缸。在节能汽缸控制系统里,计算机控制的对开式摇臂可随时在发动机不需要最大能量时使凸轮轴断开气门,关闭某一侧的汽缸。通用汽车公司在2004年采用伊顿公司开发的新汽缸节能技术,首先在其生产的V8载货车发动机上应用,载货车装用该节能装置后燃油经济性提高6%~12%。

练一练,做一做:

查阅资料,了解共轨柴油喷射系统的基本组成和功能,知晓为什么共轨柴油喷射技术发展比较滞后(与汽油电控喷射技术相比)?

(二)车身底盘电子控制技术

1 车身电子稳定系统(ESP)

ESP系统实际是一种牵引力控制系统,包含ABS(防抱死制动系统)及ASR(驱动防滑系统),是这两种系统功能上的延伸。与其他牵引力控制系统比较,ESP不但控制驱动轮,而且可控制从动轮。如后轮驱动汽车常出现的转向过度情况,此时后轮失控而甩尾,ESP便会刹慢外侧的前轮来稳定车子;在转向不足时,为了校正循迹方向,ESP则会刹慢内后轮,从而校正行驶方向。

有ESP与只有ABS或ASR的汽车,它们之间的差别在于ABS及ASR只能被动地作出反应,而ESP则能够探测和分析车况并纠正驾驶的错误,防患于未然。

2 电动助力转向系统(EPS)

它利用电动机产生的动力协助驾车员进行转向,如图7-27所示。

由于电动助力转向系统只需电力不用液压,与机械式液压动力转向系统相比较省略了许多元件。没有液压系统所需要的油泵、油管、压力流量控制阀和储油罐等,零件数目少,布置方便,重量轻。电动助力转向系统在各种行驶条件下均可节能80%左右,提高了汽车的运行性能。因此在近年得到迅速地推广,也是今后助力转向系统的发展方向。

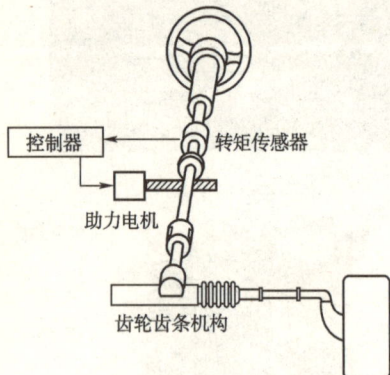

图7-27 电动助力转向系统

3 四轮转向系统(4WS)

四轮转向系统由4个主要部分组成:前轮定位感应器、可操纵的固定偏轴锥齿轮后轴、电动机驱动的执行机构、控制单元。

转向盘位置和车辆速度传感器不断将数据传输给控制单元,控制单元据此确定后轮的转向角度。

高速时后轮与前轮保持相同的方向,可保证更高的稳定性,减少汽车在完成一项操纵动作时产生的偏摆和转动,使汽车即使在恶劣路面条件下也能在直行、转向或闪避时保持稳定的操纵响应。

4 后轮转向系统(RWS)

采用该系统后,可提高汽车的方向稳定性,特别是汽车在高速行驶变道时,汽车不必要的横摆运动会大大减小。当汽车在不平路面制动时,可及时通过主动后轮转向角来平衡制动力所产生的横摆力矩,既能保持汽车的方向稳定性,又能最大限度地利用前轮的制动力,改进汽车的制动性能。

5 电控空气悬架(ECAS)

电控空气悬架引入空气悬架原理和电子控制技术,将两者有机结合。电控空气悬架系统主要由电子控制单元(ECU)、电磁阀、高度传感器、气囊等部件组成。它具备车辆升降功能:当车辆行驶时,ECAS维持正常底盘高度,在特殊路况和行驶条件下,可通过控制开关提升或者降低车辆的底盘高度,方便车辆轮渡或者通过隧道,ECAS还允许ECU设置车辆速度,通过车速控制整车高度。ECAS同时具备侧倾功能,此功能是用于城市公交车的专用功能。当车辆到站时,车门侧气囊放气,使踏板高度自动降低,便于婴儿车、轮椅车的上下,方便老、幼年乘客和残障人士乘车。

6 主动悬架系统(CATS)

主动悬架是近十几年发展起来的、由电脑控制的一种新型悬架。主动悬架具有控制车身运动的功能。当汽车制动或转弯时的惯性引起弹簧变形时,主动悬架会产生一个与惯性力相对抗的力,减少车身位置的变化,使车身的倾斜减到最小。

7 主动悬架阻尼器控制系统(ADC)

ADC(也称为连续性阻尼控制系统CDC)根据汽车的运动状况及传感器信号,由电子控制单元计算出每个车轮悬架阻尼器的最优阻尼系数,然后对阻尼器比例阀进行相应的调节,自动调整车高、抑制车辆的变化、让汽车车轮的动载振幅和车身垂直加速度尽可能小等,使汽车的悬架系统能提供更好的舒适性、安全性和稳定性。

8 主动横向稳定器(ARC)

ARC的工作原理是主动让稳定杆的左右两端作垂直方向的相对位移,平衡车身的侧倾力矩,使车身的侧倾角接近零,提高了舒适性。由于汽车前后两个主动稳定杆可以调节车身的侧倾力矩的分配比例,从而可调节汽车的动力特性,提高了汽车安全性和机动性。

9 自动变速器(AT)

自动变速器根据发动机负荷和车速等情况自动变换传动比,使汽车获得良好的动力性和燃料经济性,并减少发动机排放污染。自动变速器操纵容易,在道路拥挤时,可大大提高车辆行驶的安全性及可靠性。

10 无级变速器(CVT)

无级变速器是通过降低动力损耗达到节能目的的变速器技术。和传统自动挡变速器采用液力耦合的传动方式不同,无级变速器可以实现传动比的连续改变,这就使车速变化更为平稳。此外,CVT还有重量轻、体积小、零件少的特点,加上这种传动形式的功率损耗小,这样就为车带来省油的好处。

11 双离合变速器(DSG)

双离合变速器,如图7-28所示,结合了手动变速器和自动变速器的优点,使用两套电控机械离合器代替传统自动变速器上的液力变矩器,通过两套离合器的相互交替工作,来达到无间隙换挡的效果。

图7-28　双离合变速器

因为没有液力变矩器,所以发动机的动力可以完全发挥出来;同时两组离合器相互交替工作,换挡时间极短且平顺,动力传输过程几乎没有间断。与采用液力变矩器的传统自动变速器比较起来,双离合变速器的换挡更直接,动力损失更小,燃油消耗可以降低10%以上。

12 全时四轮驱动系统(quattro)

全时四轮驱动车型不同于一般的四驱车型,它是一个永久的四轮驱动系统,是一个高度智能化的电子、机械一体化装置,而且它还是一个免维护的系统。全时四轮驱动系统通常包括有带自动锁止装置的Torsen中央差速器和带有制动力可作用于全部驱动轮上的电子差速锁止装置(EDL),以及全时驱动的四轮。

全时四轮驱动系统的核心就是位于前后驱动桥之间负责把动力输出分配的Torsen中央差速器。它每时每刻根据前、后桥以及四个车轮上的传感器测得的数据,对前、后桥之间的转矩分配作出自动的持续的调节。在正常的路面条件下,前、后桥之间的动力分配大约为1:1;而在极端的条件下,Torsen中央差速器借助于它的自动锁止装置按照保证最大牵引力输出的原则可以将前、后桥的动力调节到1:3或3:1,这就充分保证即使当前、后桥中的一个桥处于极差的路况下,另一个桥将获得足够大的牵引力将车辆驶出这一区域。

位于前桥和后桥上的电子差速锁(EDL)则借助于每个车轮上ABS传感器测得的信号,对测出将要打滑的车轮施加相应的制动力,以防止这个车轮打滑,同时将更多的动力传递到另一侧的车轮。这一装置可以保证每个车轮都获得最佳的动力。

13 电子车轮控制技术

将驱动系统放置在车轮上的概念始于1982年,目前已在电动车和混合动力车上使用。

车轮驱动技术是一个非常柔性化的系统,可作为2轮或4轮驱动的燃料电池动力车、电动车、串联和并联混合动力车(公共汽车、轻卡、观光车和重型卡车等)的辅助动力源。它带有自载电器,不管转矩大小,都能瞬时分配到各车轮。由于驱动力是分配到各个车轮的,而且各车轮直接驱动,因此车轮在加速和制动过程都能完全独立控制。其结果是可以对正常驱动、减速、防抱死制动和完全滑行等各种状态很好地控制。

14 全电路制动系统(BBW)

BBW是一种全新的制动模式,是一种新型的智能化制动系统。它采用嵌入式总线技术,可以与防抱死制动系统(ABS)、牵引力控制系统(TCS)、车身电子稳定系统(ESP)、自适应巡航控制系统(ACC)等汽车主动安全系统更加方便地协同工作,通过优化微处理器中的控制算法,可以精确地调整制动系统的工作过程,提高车辆的制动效果,加强汽车的制动安全性能。BBW以电能作为能量来源,通过电动机或电磁铁驱动制动器。因此,BBW的结构简洁,更趋向于模块化,安装和维修更简单方便。

根据目前 BBW 的研究成果,投入使用还需要解决一系列问题,其中主要是电能制动器结构和性能的改善。电能制动器要保证能够独立对车辆实施有效制动,必须能产生足够大的制动力矩,对内部的驱动电动机(或驱动电磁铁体)、驱动力矩的传动系统、外部的供电系统提出了较高的要求。现在比较成熟的想法是提高汽车的供电电压,从原来的 12 V 提高到 42 V,提高电压可以有效地解决 BBW 的能源问题。

练一练,做一做:

(1) 查阅资料,了解双离合变速器(DSG)技术的先进性和工作机理。

(2) 了解车身电子稳定系统(ESP)与 ABS、ASR 系统相比,有哪些优越性?

(三)汽车安全控制系统

1 事故预防技术

1)瞌睡警告系统

由于高速公路的发展和公路网的不断完善,增加了长时间驾驶的机会,而且舒适、单调的驾驶状态不断延长,使驾驶员极易疲劳和注意力不集中,由此而引起的交通事故约占整个车辆事故的 50%。为了解决这一问题,人们研制出了瞌睡预测转向盘传感器系统(图 7-29)。该系统可提前发现驾驶员打盹,并且通过驾驶员手中的附带传感器的转向盘测量其心率,以此来判断驾驶员是不是想打瞌睡,一旦发现就会改变车载音响的音乐或者通过车载导航仪将车辆引导至附近的休息处。此前也有利用传感器来通过驾驶员眼皮的变化和车辆晃动情况来检测驾驶员是不是在打瞌睡的系统,但与此相比,瞌睡预测转向盘传感器系统可以在驾驶员本人还没有发觉的时候就提前发现,可以更早地防止事故的发生。

2)胎压监视系统

为更好地掌握车胎压力情况,科研人员研制出了在每条轮胎上安装配有传感器的不锈钢气嘴,并使用原气嘴固定的胎压监视系统(图 7-30)。传感器将信息发送到最近的接收导线,接收导线再将信息传递给接收机。当轮胎气压高于基准胎压 1.2 倍或低于基准胎压 25% 以及轮胎温度高于 75℃ 等情况时,轮胎安全监控器会采取声、光形式自动报警,明确提示驾驶员异常情况出现在哪条轮胎上,要求驾驶员停车检查、充气。

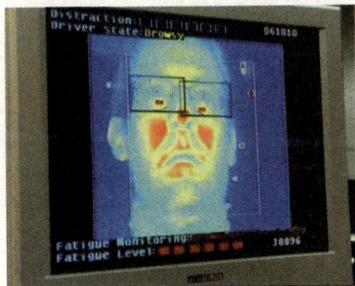

图 7-29　瞌睡警告系统

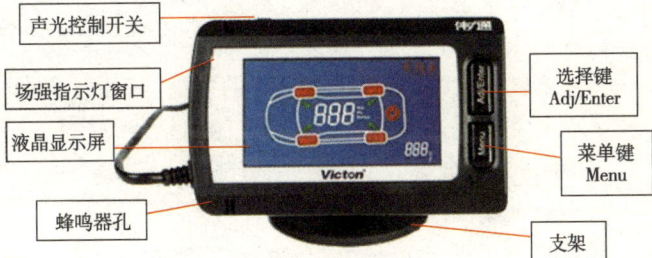

声光控制开关
场强指示灯窗口
液晶显示屏
蜂鸣器孔
选择键 Adj/Enter
菜单键 Menu
支架

图 7-30　胎压监视系统

同时,还有一种 TPMS 车胎监测系统,目前也已在中国投入使用,配备有传感器的 TPMS 系统可自动检测轮胎内的温度和气压,主动提醒驾驶员及时充气,实时发出报警声,提醒驾驶员采取措施,防止爆胎事故的发生。其采用的无线电传输方式,可将轮胎内的传感器信号传送至汽车中控仪表接收器上,可自动发现危险并发出报警声,如图 7-31 所示。

3)障碍探知系统

图 7-31 TPMS 车胎监测中控仪表接收器

配置有传感器的障碍探知系统，在感觉到前方的障碍物之后，利用数据系统传输给车内的摄影机，从而利用前方和左、右后视镜来判别车辆与障碍物的相对距离，然后通过数据传输系统算出相对速度，及时提醒驾驶员注意。

4）监督驾驶员危险操作系统

该系统利用一台电脑和安装在转向盘、加速踏板和制动踏板上的传感器来监控驾驶员的驾驶模式。其能够根据驾驶员的行为，判断是否准备转弯、变道、加速、减速或者超车。如果驾驶员准备进行的操作有可能导致意外发生，该系统将启动报警系统或者自动取消该项操作。通过驾驶模拟实验表明：此系统能够提前 12s 预测驾驶员的驾驶行为，其准确率达 95%。

5）夜间行人监视系统

该系统使用红外线单元和传感器技术来判别行人和他们的位置或与车辆之间的距离，在预感车前方有行人后，通过数据系统，将感知到的情况及具体方位告知监视系统，监视系统发出提醒信号，通知驾驶员潜在的危险，协助驾驶员避开行人，避免由于夜间视觉盲区误撞行人。

6）防醉汉汽车

该车装有一个可探测车内空气酒精含量是否超过规定范围的传感器系统，通过数据系统传输给车内安装的电脑，可向发动机的点火系统发出指令。如果驾驶员酒后体内的酒精含量超过规定范围，电脑则立即发出指令，使发动机的点火装置失效。

7）视觉增强系统

为使驾驶员在雨、雾天仍有良好的视觉，国外一些大的汽车公司研制出一种视觉增强系统。该系统能迅速去除风窗玻璃上的雨水、雾气。

2 事故避免技术

1）制动辅助系统

制动辅助系统是在已经应用的一系列产品的基础上发展而来的，安装有这种系统的车辆装配有雷达传感器，它配合自动车距控制系统使用。传感器作用是提供前方车辆或者其他一些障碍的距离信息，如果系统认为通过制动操纵可以减少碰撞事故发生的可能，它就会开始紧急制动以使得事故发生的可能性降至最小。

2）紧急制动先期警告系统

装有压力传感器的紧急制动先期警告系统在感应到紧急制动的先期动作后，会提前亮起制动灯，提醒后方车主，以免追尾。

3）高适应性快速系统

该系统加装了对前方路况感知的激光传感器,会根据前方车辆车速与跟车的距离,自动减速或加速。

4）车距保持警报系统

该系统利用传感器测定跟踪车辆到前车的距离信号,当两车的距离小于设定距离时,系统报警,同时跟踪车辆自动制动,使前后车辆距离保持不变,以免车辆发生追尾事故。

5）后部及示宽间隔声呐警报系统

该系统与车距警报系统不同,它只有在车速低于 10km/h 时才会进入工作状态,防止车辆移位或倒车时碰撞障碍物。它由装在后保险杠及车身外侧角端的超声波发射器组成。当车辆与障碍物的距离小于 50cm 时,蜂鸣器周期性报警;当车辆与障碍物的距离不足 20cm 时蜂鸣器连续性报警。

6）偏离行驶路线警报系统

由于某种原因,车辆稍微偏离行车路线,而驾驶员又没有注意修正时,该系统发出警报,直到车辆回到原来的路线为止。

日本三菱汽车公司和马自达汽车公司采用车载摄像机识别道路中间白线的方法,当车辆偏离白线或偏离白线较多时,该系统报警。汽车报警后,驾驶员仍没有使车辆回到原来路线时,该系统便自动地使车辆回到原来路线。

7）液动减速系统

装有传感器的液动减速系统在驾驶员面对障碍物未采取足够的回避动作时会自动启动,使冲撞速度降到最低。

③ 减少人员损伤技术

1）乘员保护系统

安全气囊问世 20 多年来,在车辆正面撞击减少人员伤亡方面发挥了重要的作用。从初期的驾驶座安全气囊,到副驾驶座安全气囊,又发展到乘客座安全气囊,并且安全气囊的容积也从 30~45L,增大到 60~80L,防护效果不断改善。

为了提高汽车侧面的防护能力,除了车身、车门的结构加强外,许多汽车上已安装了防侧撞气囊。

2）行人伤害程度降低系统

为了减轻车外被撞人员的伤亡程度,日本茨城大学研究的一种车外行人安全气囊系统已经在一些高档车上配备,以便在车速为 100km/h,到障碍物距离为 3.5m 时,或系统在撞前 0.1s 内触发气囊,以减少行人同车辆相撞后头部的伤害程度。

④ 事故救助技术

1）紧急事件自动通报系统

该系统包括碰撞传感器、车辆坐标器、车内乘员情况输入器以及无线电对讲机等,与基地电台保持密切联系。当发生意外事故时,基地便可立即为该车辆提供急救措施。

2）门锁紧急施放系统

当车辆发生碰撞事故后,为使乘员迅速从被撞车辆中救出,车门应能容易打开。丰田和三菱公司研制了感受碰撞的自动门锁施放系统。其特点是,当碰撞传感器确认已发生碰撞,系统立即施放门锁。

3)全球定位系统(GPS)

当车辆发生碰撞后,为了快速救助伤员,必须准确确定事故地点。全球定位系统利用卫星导航定位,能很快确定车辆方位,缩短了救助时间,降低了伤员的伤害程度。

4)驾驶员操作记录系统

该系统与飞机飞行记录仪相似。它可监视和记录车辆碰撞前后的瞬间以及行车途中各种传感器信号的变化情况,以便准确分析故障的成因。日本丰田汽车公司驾驶员记录系统,可以记录事故发生前后车辆和驾驶环节等方面的信息,并能再现故障的全过程。

5 车辆防盗技术

1)人体识别科技钥匙

指纹钥匙:德国科学家利用个人指纹图形制成了一种汽车电子锁。制作时先在锁内安装车主的指纹图形,当车主开启汽车门时,只要将手指往门锁上一按,指纹图形相符,车门即开。

眼睛钥匙:瑞士科学家发明了一种利用视网膜图纹来控制的汽车门锁。这种锁内设有视网膜识别和记忆系统,车主开锁时只需凑近门锁看一眼,视网膜图形与记录相吻合时,车门会自动打开。

面容钥匙:英国科学家利用人的面容作为电子记录系统的汽车钥匙。

手指钥匙:人的手指长短各异,用手指作为汽车钥匙的电子锁已经应运而生。

2)VIN 条形码系统

VIN 是由 17 个数字组成的车辆识别代码,它能够全面、准确、规范地反映车辆信息,保证 30 年内在全世界范围内不重号。VIN 条形码的普及,使车辆使用与管理的各个环节能快速、方便地采集数据,检索车辆信息,有效地协助追踪涉嫌及犯罪案件和打击车辆盗窃、拼装、伪冒等违法活动。

3)汽车玻璃防盗识别系统

所谓汽车玻璃防盗识别系统,是在每一片汽车玻璃上,通过高科技研发的纸膜,配以特殊的药水,将车主独一无二的车牌号、车架号永久性的刻在玻璃上(永不磨损),达到永久防盗的效果。因为刻在玻璃上的防盗码无法除去,唯一的办法是换掉玻璃,这样偷车贼不但会有更麻烦的手续和高昂的成本,而且还会对以后警察的破案留有一定的线索。从而迫使有经验的偷车贼将目标转向没有做汽车玻璃防盗辨识的车辆。

练一练,做一做:

查阅资料,除了书中所提及的汽车安全控制系统,现代汽车还装有哪些安全控制系统?

单元三　汽车新能源技术

随着汽车总量的增加和石油资源的日趋紧张,世界各国纷纷加大对新能源汽车的研发,各类新能源汽车不断被推向市场。

新能源汽车是指采用非常规的车用燃料(或同时使用常规车用燃料和新型车载动力装置)作为动力来源,综合车辆的动力控制和驱动方面的先进技术,形成的技术原理先进、具有新技术、新结构的汽车。即单纯以汽油或柴油为燃料、以内燃机为动力之外的动力形式的汽车。

新能源汽车主要包括电动汽车和代用燃料汽车两类。

一　电动汽车

电动汽车是指以车载电源为动力,用电动机驱动车辆行驶,符合道路交通、安全法规各项要求的车辆。电动汽车分为混合动力电动汽车和纯电动汽车两大类。其中纯电动汽车根据获得电能方式的不同,又可以分为蓄电池电动汽车、燃料电池电动汽车和太阳能汽车等。

1　混合动力电动汽车

混合动力电动汽车(Hybrid electric vehicle,HEV),如图7-32所示,通过先进控制系统将发动机、电动机、能量储存装置(蓄电池等)组合在一起的多动力源驱动的汽车。

目前的混合动力电动车大部分都是油电混合型,相对其他能源的利用来说,混合动力电动车技术基本成熟,环保性较好,现阶段推广较为现实。这类车型在全球市场上已占据了相当比例,在现实使用中比其他新能源车更接近市场。但高成本依然是迫切需要突破的"瓶颈"。

混合动力电动车通常都需要采用两套动力系统(包括电动机驱动)。在行驶的过程中,这两套系统之间需要不断被切换,而且因为能源供应问题,这两套系统的技术要求通常都比普通汽油和柴油车型所采用的技术要高,这就决定了混合动力车型的市场售价相对汽油和柴油车型要高出一截。

2　蓄电池电动汽车

现在普遍看好的是镍氢电池、锂离子和锂聚合物电池。镍氢电池单位质量储存能量比铅酸电池多1倍,其他性能也都优于铅酸电池。但目前价格为铅酸电池的4~5倍,正在大力研究攻关,让它的成本降下来。锂是最轻、化学特性十分活泼的金属,锂离子电池单位质量储能为铅酸电池的3倍,锂聚合物电池为4倍,而且锂资源较丰富,价格也不是很贵,是很有希望的电池。

蓄电池电动汽车的主要问题是电池的寿命短,使用成本高,电池储存的能量小,一次充电后行驶里程不理想,电动车的价格较贵等。但蓄电池电动汽车仍是目前成本最低的一种电动汽车,在短距离、固定线路运输领域已得到广泛应用,如城市公交车、机场勤务车、旅游景点游览车、校园交通车等,如图7-33所示。

图7-32　混合动力电动汽车

图7-33　校园电动车

3 燃料电池电动汽车

燃料电池电动汽车是指动力系统主要由燃料电池发动机、燃料箱（氢瓶）、电动机、动力蓄电池等组成的电动汽车，它利用氢气和氧气反应在燃料电池中产生的电能作为主要动力源，通过电动机驱动车辆行驶。燃料电池汽车具有能量转化效率高、节能环保（以氢气为能源，排放物为水）、运行平稳和噪声小等优点。如图7-34和图7-35所示。

图7-34　燃料电池电动轿车

图7-35　燃料电池电动客车

4 太阳能电动汽车

太阳能电动汽车的关键技术装备是太阳能电池板，一般在太阳能电动汽车的顶棚上装配转换能力较强的单晶硅电池板组，太阳能电池板占据了很大面积（图7-36），并且必须装置在太阳能电动汽车的顶部（图7-37）。由太阳能电池板将太阳能转换为电能后，通过充电器向动力电池组充电，也可以由太阳能电池板直接提供电能，然后通过电流变换器将电流输送到驱动电动机，驱动车辆行驶。

太阳能汽车真正走进大众生活还有很多难题需要解决。首先是太阳能电池板造价普遍过高，占用空间大，其次是太阳能电池光电转换率较低，且受天气影响，近期实现商业化难度较大。

图7-36　太阳能汽车电池板占用面积

图7-37　太阳能汽车电池板安装位置

二 代用燃料汽车

1 生物燃料汽车

生物燃料（Bimass Fuel）属于可再生能源，是太阳能以化学能形式储存在生物中的一种能量形式，直接或间接地来源于植物的光合作用，是以生物为载体的能源。

生物质燃料来源广泛,可以从薪柴、农林作物、农作物残渣、动物粪便和生活垃圾等获得。生物燃料蕴藏量极大,据估计,仅地球上的植物每年可生产的生物燃料量,就相当于目前人类每年消耗的矿物能的 20 倍。未来主要的生物燃料有生物柴油、生物乙醇和生物甲醇等。近年来,由于原油价格高涨,美国、德国和法国等国家大力发展生物柴油和乙醇等生物燃料,以减轻对原油的依赖。

2 氢燃料汽车

氢是最受争议,但也是很有前景的替代燃料。氢是宇宙中最丰富的物质之一,但是自然界并不存在自由状态的氢气,因此需要消耗大量的电能电解水或其他途径才能获得氢气,在使用中还需要将其压缩或是转换为液态。氢燃料汽车的突出优点是接近零排放和燃料来源的多样性。

氢燃料的热值大约是汽油的 3 倍,但燃烧所需的空气也约为汽油的 3 倍,如果计及氢本身所占体积,氢气的混合气热值并不高。因此,直接使用气态氢会大大降低发动机的动力性能。一般是通过在进气或压缩过程中向缸内直接喷射液态氢才会大幅度提高氢发动机的动力输出。

氢用作车用动力燃料(图 7-38)的主要问题是生产和运输。如果氢是用石油或天然气作为原料生产,那么生产氢所需的能量比生产汽油或柴油的还要高。所以,汽车公司主要关注于使用再生能源来生产氢。宝马公司认为太阳能、核能可以考虑用于生产氢。通用公司认为,一半的氢可从天然气中获得,另一半则可从可再生能源中获得,比如水能、核能。现在欧洲氢的年产量是 180 万 t,只需要 90 万 t 就可以给 450 万辆氢动力车提供足够的能量。

图 7-38　大众氢燃料汽车

但是氢运输的问题还很难解决,尤其是氢需要新的独立的基础设施,需要大量资金的投入。液态氢可以通过管道运输,但是把它的温度降到 - 235℃ 并且保持这个温度却很难,而气态的氢即便是在 250 个大气压下,能量密度仍然太低,与运输汽油相比,运输压缩氢气需要 10 倍的载货汽车数量。即使是在密封罐里,氢气也很容易挥发,因为氢气分子体积太小,容易通过罐壁大分子之间的间隙挥发出去。

3 天然气汽车

天然气汽车(natural gas vehicle,NGV)包括压缩天然气汽车(compressed natural gas vehcle,CNGV)和液化天然气汽车(1iquifled natural gas vehicle,LNGV)。

压缩天然气汽车(图 7-39)是将天然气压缩至 20MPa 充装于汽车用压缩天然气储气瓶中,经减压器减压后供给发动机燃烧。液化天然气汽车是将天然气在 - 162℃ 低温液化后,储存于液化天然气储气罐中,经汽化后供给发动机燃烧。由于液化天然气汽车所需的绝热储气瓶尚未商品化,因而目前天然气汽车主要采用压缩天然气作为燃料(图 7-40)。天然气也可以通过一定的炼制工艺(Fischer-Tropsch)转换为液体燃料汽油或柴油使用,即所谓的"gas to liquid"燃料,简称GTL燃料。

图7-39　解放牌天然气半挂牵引车

图7-40　车用天然气储气钢瓶

天然气汽车的突出优点是:现有汽车发动机不必做大的改动就可直接使用,而且在低温状态下的冷起动性能优良;由于天然气的主要成分是丙烷和丁烷,它们在发动机内可以充分燃烧,不易产生积炭,不会稀释润滑油,发动机内部零件的磨损大大减少,从而降低汽车保养和运行费用;另外,天然气的价格还比汽油便宜,仅相当于汽油的一半。有关专家认为,天然气汽车是最具推广价值的低污染汽车,尤其适用于城市公共交通和出租汽车使用。

4 液化石油气汽车

液化石油气(liquifled petroleum gas,LPG)是一种无色气体,它的来源是石油开采过程中产生的石油气和炼油加工过程中的副产物,其主要成分是丙烷、丙烯、丁烷、丁烯以及少量不易液化的乙烯和少量不易气化的戊烷。液化石油气中氢含量大,硫、氮等杂质少,不含芳香烃,燃烧完全,热值利用率高。通过在城区适当位置安排建设一定数量的加气站

图7-41　LPG加气站

(图7-41),液化石油气将成为城市公共汽车和出租汽车的理想燃料,有利于减少车辆有害物排放对环境的污染。

液化石油气在常温条件下,压力约1.6MPa就可由气体变成液体,能比较方便地储藏在高压气瓶中。液化石油气在压力小的情况下又容易转变成气体,所以使用很方便,容易起动、燃烧完全,燃烧后排气中的一氧化碳和碳氢化合物等有害物质就会大为减少。公交汽车改用液化石油气作燃料,可以起到改善城市空气质量的作用。

练一练,做一做:

(1)查阅资料,了解混合动力电动汽车的工作原理?

(2)了解你所处的城市,出租车"油改气"后,车辆在使用过程中较之未改装之前有哪些优缺点,你是否有更好的建议?

(3)通过网络视频观看汽车生产装配过程,提高对汽车总体构造和生产工艺的认知。

(4)查阅资料,了解电动汽车有哪些优点,为什么直到目前还没得到普及?

(5)查阅资料,了解你所处的城市有哪些品牌车辆采用铝合金车身?

思考与练习

一、填空题

1.汽车轻量化是指汽车在保持原有_____等性能不降低,且汽车本身造价不被提高的前提下,有目标地减轻汽车自身的重量。

2.汽车轻量化技术的主要内容包括_____轻量化、_____轻量化、结构轻量化相结合的方式。

3.陶瓷材料主要包括_____陶瓷、_____陶瓷和_____三种。

4.轻金属替代钢铁材料是汽车发展的重要方向。_____合金材料是所有现用金属材料中密度较低的轻金属材料,因而成为汽车减轻自重,提高节能性和环保性的首选材料。

5.纤维增强材料主要分为_____塑料、_____塑料和纤维增强金属(FRM)三种。

6.ESP与只有ABS或ASR的汽车相比,差别在于_____。

7.双离合变速器(DSG)与传统自动变速器相比,优点在于_____。

8.车辆的_____能够全面、准确、规范地反映车辆信息,保证30年内在全世界范围内汽车生产不重号,它由_____位数字组成。

9.新能源汽车是指采用_____燃料作为动力来源的汽车。

10.新能源汽车主要包括_____汽车和_____汽车两大类型。

11.电动汽车是指以_____为动力,用_____驱动车辆行驶,符合道路交通、安全法规各项要求的车辆。电动汽车分为_____电动汽车和纯电动汽车两大类。其中纯电动汽车根据获得电能方式的不同,又可以分为蓄电池电动汽车、_____汽车、_____汽车等。

二、简答题

1.车辆柴油化有何现实意义?

2.汽车质量轻量化的举措有哪些,轻量化的目的是什么?

3.试述汽车电子技术经历过哪四个发展阶段?

4.试述汽车电子控制系统的发展趋势?

项目八 交通漫谈

项目描述

随着社会的发展,人们对交通运输的需求迅速增长,从而形成了现代的交通运输业。在交通运输的发展过程中,各种运输方式相互协调、竞争和制约。因此,需要综合考虑,协调各种运输方式之间的关系,在整体上科学布局、合理分工,有效衔接,充分发挥各种运输方式的优势,构成一个现代化的综合运输体系。

学习目标

1. 了解五种常用的交通运输方式的运输特点;
2. 了解综合运输体系的组成和运行特点;
3. 了解未来我国的综合运输体系建设发展的主要思路。

建议课时

4 课时。

现代化交通运输业包括公路、水路、铁路、航空和管道五种基本的运输方式。这五种基本运输方式在运载工具、线路设备、运营方式和技术经济特征等方面各不相同,各有其适用的范围,如表8-1所示。在具体选择某一种或某几种交通运输时,要根据货物的性质、数量、价格、运送距离和时效等方面进行综合具体分析。

交通运输业的运输特点　　　　　　　　　　　　　　　表8-1

运输方式	运输特点
公路运输	少量货物的短途运输;短途客运;容易死亡、变质的活物、鲜货的短途运输。
水路运输	大宗、笨重、远程、不急需的货物。
铁路运输	大宗、笨重的中远程运输;要求准时到货的远程客货运输;容易死亡、变质的活物、鲜货的中远程运输。
航空运输	贵重、急需、重量适宜、数量不大的货物;大城市和国际的快速客运;报刊、邮件运输等。
管道运输	大宗流体货物运输。

一 公路运输

在综合运输体系中,公路运输具备通过功能和送达功能,成为全能的运输方式,这正是公路运输业发展迅速的根本原因,其最显著的特点是它的灵活性(图8-1)。

主要表现在以下几个方面:

(1)空间上的灵活性。可以实现"面到面、门到门"的运输。

(2)时间上的灵活性。公路货运通常可实现即时运输,即根据货主的需求随时启运;

旅客运输虽然实行"五定",但随着运输网点的发展及运输组织与管理水平的提高,旅客等候时间也逐渐缩短,许多干线上基本实现了随到随走。

(3)批量上的灵活性。公路运输的起运批量最小。

(4)运行条件的灵活性。公路运输的服务范围不仅在等级公路上,还可延伸到等级外的公路,甚至许多乡村便道的辐射范围。普通货物装卸对场地、设

图8-1　公路运输

备没有专门的要求,客运站点设置灵活,有的只设置一个停靠点即可。

(5)服务上的灵活性。具体表现为能够根据货主或旅客的具体要求提供有针对性的服务,最大限度地满足不同性质的货物运送与不同层次旅客的需求。

公路运输方式的灵活性,决定了其运输生产点多、面广的特点。

必须指出一般运输和快速运输有相当大的区别。

在一般公路上从事的运输活动称为一般运输,而高速公路或等级高的汽车专用路是开展快速运输的必要条件。一般运输用普通车辆即可,快速运输必须配备高速车辆。一般运输由于技术配置水平较低,固定投资较小,运输效率受到车辆及公路通行条件的约束而难以提高,因而要求灵活机动的运营组织管理。经营规模不宜过大,经营管理权限不宜太集中,收益水平也相对较低。

关于快速运输,是以在正常的条件下运送速度不低于一定标准,服务水平达到一定的标准为界限来定义的。主要表现与快速、优质、高投入、快回收相适应,是公路运输体系整体品质的综合提升。

练一练,做一做:

(1)了解我国公路建设总里程,近三十年来对经济的促进作用有哪些?

(2)制约我国公路运输业发展因素有哪些?

二　水路运输

水路运输(图8-2)是交通运输的重要组成部分。从水路运输方式看,水路运输可分为内河运输和海洋运输两大类。海洋运输又可分为沿海运输和远洋运输两大类。水路运输系统由船舶、港口、各种基础设施与服务机构等组成。

水路运输具有点多、面广、线长的特点。通过内河运输和海洋运输,将内陆经济腹地与世界连通,使处于运输交汇口的港口城市产生了内陆经济腹地和国际港口城市两个极为宽阔的辐射面。连江通海的水路运输线路长,沿线站点多,是水路运输为腹地的经济建设提供运输服务的有利条件,从而体现了水路运输对国民经济发展的重要作用。

水路运输可充分利用江、河、湖、海的天然水资源,与其他运输方式相比,它又具有对环境污染小、运输量大、水运价格低廉、对运输货物适应性强的优点。因此,在各种货物运输方式中,特别是国际货物运输中,水路运输是一种重要的运输方式。

我国发展较好的港口有哪几个？试了解港口与国内外物流业之间的关系？

三 铁路运输

铁路是一种适宜于担负远距离的大宗客、货运输的重要运输方式（图8-3）。在我国这样一个幅员辽阔，人口众多，资源丰富的大国，铁路运输不仅在目前甚至在可以预见的未来，都是综合交通运输网络中的骨干和中坚。

图8-2　水路运输

图8-3　铁路旅客运输

优点：巨大的运送能力；廉价的大宗运输；较少受气象和季节等自然条件的影响，能保证运行的经常性和持续性；计划性、安全性、准时性都比较强；收益随运输业务量的增加而增长。

缺点：始建投资大，建设时间长；始发与终到作业时间长，不利运距较短的运输业务；受轨道限制，灵活较差，必须有其他运输方式为其集散客货；大量资金、物资用于建筑工程，如路基、站场等，一旦停止营运，不易转让或回收，损失较大。

主要表现特点为：

（1）车路一体。铁路运输的机车、车辆、轨道、站场，及其他一切营运设施，均由同一机构置备，专供自己使用，故虽投资庞大，但其有较高的管理效率。

（2）路权专用。铁路运输的轨道，由所有者独享专用，机车车辆必须在轨道上行驶，缺乏机动性，但具有极高的安全性能。

（3）组成车群。铁路运输的机车，有强大的牵引力，适合于组成车群运转。若有若干辆车组成车群，则路线容量可以提高许多倍，故虽编组费时，但其有较大的运输能量。

（4）动力电化。铁路运输的轨道，建成以后固定不移，沿线架设电车线路，并无技术困难，适宜以外来的电力供应机车的动力，故虽建设成本甚高，但有利节约能源供应，减轻环境污染。

（5）能源经济。铁路运输的车辆，在轨道上行驶，接触的面积既小，轮轨的硬度又强，所遭遇的行驶阻力甚小，故同样的牵引动力，所消耗的能源最少。

（6）污染轻微。铁路运输的动力，蒸汽机车已不复可见，柴电机车又逐渐被淘汰，代之而起的为电力机车，因无动力发生装置，空气污染几乎没有，噪声干扰亦极为有限。

（7）行车平稳。铁路运输使用的车辆，有良好的避振功能。轨道的坡度与曲度，受制于轨道的导向功能,有一定的标准。列车的加速与制动,受制于车辆与轨道的摩擦力,距离较长,冲击较小,故行车平稳,乘坐舒适。

(8)收益递增。铁路运输的潜在能力十分雄厚,而固定成本又占支出的大部分,在一定的运力范围内,其运量增加愈多,其单位成本愈减,换言之,铁路的收益递增。

(9)资本密集。铁路运输因车路一体,所需机车车辆的购置,通信系统的建立,轨道站场的建筑,以及建筑用地的取得,均需要巨额的资金,故固定成本的比率甚高。

(10)沉没成本。铁路运输的诸多设备,各有专门的用途,尤其轨道站场等设施,投资以后极难变更,但如停止营业,所有投资更难回收,故深具沉没成本(又称埋没成本,指无法回收的费用或投资)的特性。

练一练,做一做:

(1)查阅铁路运输与我国经济发展之间的关系,说明发展铁路尤其是高速铁路的意义?

(2)为什么在2013年3月我国政府撤销铁道部,实施铁路体制改革?

四　航空运输

航空运输(图8-4)是交通运输体系的一个重要组成部分。航空是长距离旅行,特别是国际、洲际间旅行的主要工具。它和其他交通运输方式分工协作、相辅相成,共同满足社会对运输的各种要求。

图8-4　航空运输

航空运输本身是国家经济领域的一个重要行业,除了其自身的经济效益外,还带动了一批相关产业的发展,如旅游业等。它使国际间的经济、文化、科技的交流往来十分方便,有利于国家或地区间的相互协作、共同发展,有利于经济发达国家或地区到经济不发达国家或地区投资开发。在我国,航空运输发展已成为某地区经济是否发达、对外开放是否有利的重要标志。

航空运输带动了飞机制造及相关行业和技术的发展。国际航空运输业的不断发展,使主要飞机制造商,如波音公司、空客公司等保持了长盛不衰的势头,也给相关设备的生产厂家提供了广阔商机。航空技术属于高新技术领域,航空运输的发展,促使新的、更安全舒适的民航客机机型的不断出现,也使通信、导航、监视等设备与技术不断更新完善。

航空运输与其他运输方式相比,航空运输的主要优点是:

(1)速度快。这是航空运输的最大特点和优势。现代喷气式客机,巡航速度为800～900km/h,比汽车、火车快5～10倍,比轮船快20～30倍。距离越长,航空运输所能节约的时间越多,快速的特点也越显著。

(2)机动性大。飞机在空中飞行,受航线条件限制的程度比汽车、火车、轮船小得多。它可以将地面上任何距离的两个地方连接起来,可以定期或不定期飞行。尤其对灾区的救援、供应、边远地区的急救等紧急任务,航空运输已成为必不可少的手段。

(3)舒适、安全。喷气式客机的巡航高度一般在10000m左右,飞行不受低空气流的影响,平稳舒适。现代民航客机的客舱宽敞,噪声小,机内有供膳、视听等设施,旅客乘坐的舒适程度较高,安全性也比以往大幅提高。

(4)基本建设周期短、投资少。要发展航空运输,从设备条件上讲,只要添置飞机和修建机场。这与修建铁路和公路相比,一般说来建设周期短、占地少、投资省、收效快。据计算,在相距1000km的两个城市间建立交通线,若载客能力相同,修筑铁路的投资是开辟航线的1.6倍,铁路修筑周期为5~7年,而开辟航线只需2年。

航空运输的主要缺点是飞机机舱容积和载重量都比较小,运载成本和运价比地面运输高。飞行受气象条件一定限制,影响其正常、准点性。此外,航空运输速度快的优点在短途运输中难以充分发挥,比较适宜于500km以上的长途客运,以及时间性强的鲜活易腐和价值高的货物的中、长途运输。

练一练,做一做:

(1)影响我国航空运输业的瓶颈有哪些,如何克服?

(2)试分析我国大力发展航空及航空运输业的战略意义?

五 管道运输

管道运输(图8-5)是大宗流体货物运输最有效的方式。在现代社会中,大部分的石油、绝大部分的天然气是通过管道运输的。虽然石油的远洋运输以大型油轮运输最为经济,但是在石油开发到成品油交付用户的整个生产、销售链中,管道运输几乎是不可缺少的环节。此外,管道还用于运送固体物料的浆体,如煤浆和矿石的浆体。

图8-5 管道运输

管道运输的特点表现为:

(1)运量大。不同于车、船等其他运输方式,输油管道可以连续运行。一条管径为720mm的管道就可以每年运送易凝高黏原油2000多万吨,一条管径1200mm的原油管道年运输量可达1亿吨。

(2)建设投资相对较小,占地面积少,受地理条件限制少。管道建设的投资和施工周期均不到铁路的1/2。管道埋于地下,只有泵站、首末站占用一些土地,占用土地少。管道可以从河流、湖泊、铁路、公路下部穿过,也可以翻越高山,横穿沙漠,一般不受地形与坡度的限制,可以缩短运输里程。

(3)由于埋于地下,基本不受气候影响,可以长期稳定运行。

(4)管道输送流体能源,主要依靠每60~70km设置的增压站提供压力能,设备运行比较简单,易于就地自动化和进行集中遥控。先进的管道增压站已完全做到无人值守。由于节能和高度自动化,用人较少,使运输费用大大降低。

(5)沿线不产生噪声,有利于环境保护。

(6)漏失污染少,据近10年西欧国家石油管道统计漏失污染仅为输送量的4‰。

主要缺点是调节运量及改变方向的幅度较小,灵活性较差;运输对象单一,不具有通用性。就某一具体管道而言,只限于单项货物的运输;如一旦油田产量递减或枯竭,则该段原油管道即报废,而不像其他运输工具可移往他处使用;自管道投产之日起,管内即充满所输的介质,直到停止运行之日止,有一部分介质长期积存在管道中,其费用占去部分运输成本。

管道运输与其他运输方式是相互依存、相辅相成的关系。长距离输油管道的起点或终点往往是油港或铁路转运站,而油轮、铁路槽车和公路槽车的装卸都需要管道系统的配合。

管道运输尽管具有上述的很多优越性,但它主要适用于量大、单向、定点的流体货物运输,不如汽车、船舶运输灵活。在石油的远洋运输中,大型油轮运输比管道运输来的经济。尽管通过管道运输可以将流体货物直接送达用户(如管道可将气田的天然气收集、运输至数百以至数千里以外的城市,然后通过配气管网送达千家万户),但是对于地域上不是很集中的用户(如遍布城乡的加油站、农村地区零散的天然气/液化石油气用户等),往往没有必要建设庞大的配送管网系统,这就需要公路、水路运输的配合。对于天然气远洋运输,液化天然气的海运也有一定竞争力。固体物料的浆体输送则需要消耗较多的水资源。

从另一方面讲,与管道运输相比,大型油轮海运的成本虽然更低,但受地理环境限制,战争中更成为敌对方攻击的重要目标。公路运量小且运输成本高,一般用于小批量油品的较短途运输。铁路运输成本高于管道,且罐车往往是返程空载,大量运油不经济。

练一练,做一做:
我国“西气东输”工程造价浩大,为什么国家还要实施此项目,试说明?

六 综合运输体系

综合运输体系是国民经济体系的组成部分,其任务是满足社会生产、商品流通和出行的运输需要。运输体系内有公路运输、铁路运输、水路运输、航空运输和管道运输等多种运输方式。每种运输方式各有独特优势,也都存在固有缺陷。选择何种运输方式,要根据具体情况,科学地组织管理,在技术、经济、安全等方面进行综合比较后方可确定。

七 未来我国的综合运输体系

根据我国交通运输现状基础、未来社会经济发展对交通运输的需求、资源和环境条件以及世界科技发展趋势,未来我国的综合运输体系建设发展的主要思路应是:

1 以加快发展为主题,在发展中进行结构优化

交通运输的改进是实现生产力水平提高、交易费用降低和促进市场扩张等极其重要的手段。目前,交通运输全面紧张状况虽已得到缓解,但这是一种低水平的、暂时的、非全面性的缓解,各种运输方式的交通基础设施依然薄弱,交通运输系统整体效率和服务质量

不高,运输成本尚未有效降低,还不能有效地满足我国工业化和城市化发展的需要,不能对经济社会发展提供足够的基础支持,与我国经济地理发展的需求存在着较大差距。未来 20 年,我国仍处于工业化的加速发展期,经济总量迅速增长,城市化进程增速,到 2020年,我国的交通运输需求总量将达到目前的 2.5 ~ 3 倍左右。如果没有交通运输的大发展和及时提供足够的基础条件,保证其应有的机动性和便利性,我国的工业化进程就会受到制约,人们的生活质量也将受到很大的影响。因此,未来我国的综合运输体系的建设,还需要继续以发展为主题,继续支持各种运输方式完成大的发展过程,通过增加总量规模,提高我国交通运输的机动性和通达性,增强对未来社会经济发展的支持能力,并在发展过程中按照各种运输方式的合理分工与协作,加快符合未来发展需求的主导运输方式的发展,通过增量调整和存量升级,使各种运输方式之间的结构和布局逐步趋于优化。

② 充分发挥各种运输方式的优势,发展综合运输网络系统

我国的交通运输正处于大规模的建设发展过程中,具有后发优势,应充分分析和借鉴发达国家交通运输发展的经验和最新的发展趋势,在发展过程中实现跨越,少走弯路,在大发展的过程中不断实现和完善各种运输方式的合理分工和协调发展。在规划思想上,要充分体现社会的进步性,要将时间效率、便捷性、个性化需求作为重要的衡量标准,要考虑各种运输方式的互补和相互促进作用,要以实现整个大系统的高效率为目标。

公路要形成层次结构合理的、完善的基础网络系统,骨架干线要高速化,次干线要快速化,支线要密集化。

铁路路网系统应着重于干线和通道,要形成与地理空间和大运量流向相适应的较完善的框架网络布局,而没有必要形成一个普遍的高密度的网络。

内河和沿海水运要充分利用现有的江、河、海自然条件和结合水资源的综合开发利用,形成江、海运输大通道和水系运输网络。

远洋运输和港口要建成具有较强竞争力的现代化船队和适应外贸进出口、沿海运输需要的、结构合理的现代化港口。

航空要建成枢纽机场、干线机场、支线机场结构层次合理的机场布局。

管道要逐步形成与油气资源开发地、进口点至加工地、消费地相适应的具有较好调配功能的输送管道网。

③ 以多种运输方式共存互补的方式,建设综合运输大通道

综合运输大通道(交通轴)是综合运输网络和国家经济发展的命脉,是跨区域间最重要的连接,其发达程度既代表着一个国家交通运输的发展水平,也是区域经济发展规模与发展水平的重要影响因素。通道内城市、人口、产业密集,经济规模总量大,居民收入水平相对较高,区域内部以及跨区域之间的人员和货物交流量大等特点,决定了大通道运输需求总量庞大,且具有集中和多样性,为各种运输方式的共存与发展奠定了基础。

综合运输通道内各种运输方式共存与紧密的协作,共同组成通道综合运输系统,可使交通运输系统更发达,为经济起飞创造更好的基础支持条件,会使产品的交易成本降低、市场范围扩大,会进一步促进区域间和区域内产业分工的深化,增强产业分布的聚集效应和新产业的诞生,使得越来越多的产业和生产、经销企业以及人口沿着通道聚集,形成更加密集的工业带和城市带,增强经济发展的爆发力。

4 以较高起点进行干线基础设施规划与建设,加快交通运输现代化

交通运输是现代经济社会正常运行的基础保障。经济社会实现现代化首先要求交通运输现代化。交通基础设施是一种投资大、占用土地等稀缺资源较多、建设周期较长、长期服务于经济社会的必不可少的基础设施,一经建成使用后,再进行改造或重建的社会成本较高,因此,在制定发展规划与建设中,要有超前性。

交通运输的发展不仅能满足交通运输的需求,而且是对经济社会的可持续发展提供基础支撑条件。加大交通运输投资、较早实现交通运输现代化,可显著地改善区域之间和区域内的流通条件和降低交易成本,使各种资源能够在更大的范围内自由地、便捷地流动,实现资源的优化配置,为经济社会的专业化分工提供更多的社会资本支持。

5 以可持续发展和需求管理的新理念,建设符合我国国情的综合运输体系

交通运输可持续发展,在于从战略的角度做到交通运输发展与经济社会发展、人们生活质量提高、土地资源利用、环境保护等之间确立一种协调发展的辩证比例关系,为我国经济社会持续、快速、健康、协调发展奠定物质基础。

6 以干支线路协调和区域协调的发展思想,完善综合运输网络布局

建设综合运输体系过程中,在重点解决干线交通运输的同时,应加快与其连接的次干线和支线网络的建设,提高路网密度和农村的通达程度,形成层次结构合理的网络系统,适应地区经济、农村经济和城市化发展的需要,加深区域内的分工与协作,促进城市与农村共同发展以及全面建设小康社会目标的实现。

7 统一政策、规划和体制管理,实现运输"一体化"

交通运输是一个非常复杂的庞大系统,具有极强的基础性和社会性特征。要在政策、规划、技术标准、信息传输、经营规则以及管理体制上进行统一的协调和宏观调控,避免各种运输方式或部门各自规划、分散建设、自成体系,最终导致系统效率低、成本高、资源浪费;尤其是对综合运输枢纽的建设以及信息化等技术标准的制定,更需要从综合运输体系的发展战略上进行统一的规划与指导。

综合交通运输枢纽,是多种运输方式实现一体化发展的全程"无缝"物理连接和逻辑连接的关键,必须以战略的高度在规划综合运输网络的同时,对综合交通运输枢纽进行统一布局规划,加强协调,强调城间运输与城市交通的衔接配合。采取指定部门(单位)负责、联合建设、共同使用的方式,加快建设。

8 积极推进交通运输信息化、智能化的进程,发展集约型交通

"以信息化、网络化为基础,加快智能型交通的发展"是我国交通运输业实现跨越式发展、缓解资源和环境压力的有效途径,是实现我国交通运输现代化的关键。同时,在交通发展的全过程中,要始终贯彻以人为本的思想,从交通运输政策和规划的制定开始,就应把人类对各种交通运输服务的需要,如安全、便捷、舒适、智能等要素加以全面考虑。

9 将宏观调控和市场化相结合,实现资源的合理配置

综合交通运输体系的建设需要依靠国家宏观调控和市场化两个方面的合力。交通基础设施具有很强的公共物品属性,交通运输赖以存在的土地、岸线、空域、航道等都为政府所控制,通过有效的宏观调控,政府可促进各种运输方式合理布局与协调发展;而市场化手段对于合理配置交通资源和加快综合运输体系形成与完善等方面具有重要作用。没有市场化的手段也就没有交通运输今天的成就,未来的发展道路也将越走越窄,现代化的交通运输进程将会受到资金、体制等各方面的严重制约。

在基础设施网络的建设上,由政府进行规划与协调,采用政府投资和引导社会投资的方式实现结构合理化,积极采用市场运作的方式,促使资金、资源的有效利用和社会公平;运输方面按照市场化的原则由企业自主经营,政府在规则的制定、市场准入与监督上行使职能,消除体制性障碍和行业壁垒,鼓励各种运输方式之间的自由竞争。

此外,经营性交通基础设施的发展规模应从国家经济战略角度进行决策,达到既能较好地满足经济社会发展对交通运输不断增长的需要,又能提高我国产品在经济全球化中的国际竞争力。

练一练,做一做:

(1)查阅资料,了解我国《交通运输"十二五"发展规划》的基本内容,试阐述你所认识的"便捷、安全、经济、高效的综合运输体系"的基本状况。

(2)查阅资料,了解你所处的省未来十年内交通运输体系建设规划方案和发展思路。

思考与练习

一、填空题

1. 现代化交通运输业包括_____、_____、_____、_____和_____五种基本的运输方式。

2. 在一般公路上从事的运输活动称为_____运输,而高速公路或等级高的汽车专用路是开展_____运输的必要条件。

3. 从水路运输方式看,水路运输可分为_____运输和海洋运输两大类。海洋运输又可分为_____运输和_____运输两大类。

4. 水路运输系统由_____、_____、_____与服务机构等组成。

5. 铁路是一种适宜于担负_____运输的重要运输方式,具有运送能力大、受自然条件影响小的优点。

6. _____运输是交通运输体系的一个重要组成部分,是长距离旅行,特别是国际、洲际间旅行的主要工具。它是缺点主要是_____。

7. 大宗流体货物运输最有效的运输方式是_____运输。

8. 为促进经济有效发展,应该充分发挥各种运输方式的优势,构建_____运输体系是十分必要的。

二、简答题

1. 交通运输业中有几种基本的运输方式,哪种运输方式涉及面较广,为什么?

2. 试述铁路运输与其他运输方式相比,有哪些优缺点?

3. 为什么在我国航空运输发展已成为某地区经济是否发达、对外开放是否有利的重要标志之一?

4. 小明打算从上海市宝山区教育局出发到武汉市江汉区东方大酒店出差,请你详细设计出交通路线方案,采用何种交通方式最节约时间,何种交通方式成本最低?

5. 小明打算运输5t钢材,欲从南京发往上海,采用何种运输方式较便捷、经济;如若将60t钢材从南京发往昆明,采用何种运输方式比较经济。试比较说明。

参 考 文 献

[1] 李青,刘新江.汽车文化[M].北京:人民交通出版社,2010.

[2] 屠卫星.汽车文化[M].北京:人民交通出版社,2005.

[3] 郎全栋.汽车文化[M].北京:人民交通出版社,2002.

[4] 帅石金.汽车文化[M].北京:清华大学出版社,2002.

[5] 百度百科网:http://baike.baidu.com.

[6] 百度图片网:http://image.baidu.com.

[7] 搜狐汽车频道:http://auto.sohu.com.

[8] 新浪汽车频道:http://auto.sina.com.cn.

[9] 网易汽车频道:http://auto.163.com.

[10] 凌永成.汽车文化[M].北京:中国人民大学出版社,2011.

[11] 曲金玉,任国军.汽车文化[M].北京:机械工业出版社,2011.

[12] 韩永刚.汽车文化[M].北京:电子工业出版社,2012.